부를 경멸하는 태도를 보이는 사람은 신용할 수 없다.
부를 얻는 것에 절망한 사람이 부를 경멸하는 것이다.

– 로저 베이컨

강남 부자들

그들이 부자가 될 수밖에 없는 이유

강남 부자들

초판 1쇄 발행 2011년 3월 30일
초판 23쇄 발행 2021년 3월 31일

지은이 고준석
펴낸이 유정연

기획편집 장보금 신성식 조현주 김수진 김경애 백지선 **디자인** 안수진 김소진
마케팅 임충진 임우열 박중혁 정문희 김예은 **제작** 임정호 **경영지원** 박소영

펴낸곳 흐름출판(주) **출판등록** 제313-2003-199호(2003년 5월 28일)
주소 서울시 마포구 월드컵북로5길 48-9(서교동)
전화 (02)325-4944 **팩스** (02)325-4945 **이메일** book@hbooks.co.kr
홈페이지 http://www.nwmedia.co.kr **블로그** blog.naver.com/nextwave7
출력·인쇄·제본 신화프린팅 **용지** 월드페이퍼(주) **후가공** (주)이지앤비(특허 제10-1081185호)

ISBN 978-89-6596-004-1 03320

강남 부자들

그들이 부자가 될 수밖에 없는 이유

고준석 지음

흐름출판

| 차 례 |

제 1 장

그들이 부자가
될 수밖에 없는 이유

제 2 장

부자가 되는 사람들의 평생습관

제 3 장 발상이 남다른 부자들의 종목별 투자 원칙

제 4 장

평범했던 그들은
어떻게 강남 부자가 되었나

제5장 대한민국 최고 부동산 전문가, 고준석에게 직접 묻는다

평범했던 그들이 강남 부자가 될 수 있었던 진짜 이유

부동산 투자에 대한 조언을 듣기 위해 찾아오는 사람들의 질문 요지는 'When과 What' 두 가지로 요약할 수 있다. 'When'에 초점을 맞추는 사람들은 대부분 부동산 시장에 대한 확신이 없고, 부족한 종잣돈을 핑계로 항상 투자 시점만 저울질하는 사람들일 경우가 많다. 반면 'What'에 초점을 맞추는 사람들은 투자를 실행할 준비가 되어 있는 사람들이다.

우리나라 부동산 시장은 극명하게 양극화되어 있다. 시장이 침체되어도 오히려 가격이 올라가는 부동산이 있는가 하면, 시장이 활성화되어도 가격이 떨어지는 부동산이 있다. 여기서 주목할 사실은 부자가 되는 사람들은 'When'보다 'What'에 초점을 맞추는 질문을 많이 한다는 것이다.

실제 부동산 고수들은 투자가치가 있는 지역을 고르는 방법, 즉 'What'

에 대해 공부하고 얘기하지만 부동산 하수는 매수 시점, 즉 When에만 신경을 쓴다. 그러나 단언컨대 매수 시점만 저울질하거나 전문가가 찍어주는 족집게 투자에만 의존해서는 부자가 되기 힘들다.

『강남 부자들』이란 제목을 보고 다음과 같이 생각하는 사람들도 있을 것이다.

"강남 부자들이 부자가 된 이유? 빈익빈 부익부라고, 그 사람들은 돈이 많으니까 당연히 돈을 더 벌 수 있는 거 아냐?"

"그 정도로 돈이 많으면 아무 데나 투자해도 돈을 벌 수 있겠지."

이런 생각을 하는 사람은 부자가 될 자격이 없다. 이 책을 읽을 자격도 없다. '예로부터 업(業)을 창시하여 이를 잃은 자는 적으나, 성(成)한 것을 지키다 이를 잃은 자는 많다'고 했다. 마찬가지로 돈이란 것은 얻는 것보다 지키는 것이 더 힘들다.

많은 부를 물려받았지만 돈을 지키지 못해 나락으로 떨어진 사람들을 나는 수도 없이 많이 봐왔다. 이들은 안일한 투자 방법, 자신이 최고라는 자만심, 달콤한 투자의 유혹에 빠져 물려받은 돈을 한순간에 잃어버리고 말았다.

우리는 투자 성공 비법을 전하는 각종 대중매체와 경제경영서가 넘쳐나는 세상을 살고 있다. 대한민국 전체가 그야말로 '부자 권하는 사회'가 되었다 해도 과언이 아니다. 또한 주변의 "누가 땅을 사서 얼마를 벌었더라" "주식 투자를 해서 얼마를 벌었다더라" 등과 같은 투자를 잘해서 부자가 된 사람들의 이야기를 쉽게 접할 수 있다. 유명 전문가들이 투자 비법을 소개하는 책들도 무수히 쏟아진다. 그만큼 많은 이들이 부자가 되기를 열망하고 있는 것이다.

그러나 국내에서 이름깨나 있는 부동산 전문가들 가운데 실전과 이론을 겸비한 사람은 그리 많지 않다. 나는 1995년 경매 투자를 시작해 그동안 내 손으로 경매에 붙인 물건만 2,000여 건이 넘는다. 또한 2002년부터 우리나라 금융기관 최초로 '프라이빗 뱅커(PB) 겸 부동산 전문가 1호'로 활동하며, 부자를 꿈꾸는 사람들과 함께 오늘도 현장을 발로 뛰고 있다. 그리고 수많은 국내 대기업 회장들을 비롯해 전직 장차관, 대학 총장, 정당 대표, 유명 연예인 등 내로라하는 대한민국 명사들의 부동산 컨설팅도 도맡아오고 있다.

나는 감히 말할 수 있다. 이 책에 나오는 부자들은 실전과 이론을 100% 겸비한 국내 유일의 부동산 전문가인 내가 10년이 넘는 기간 동안 직접 자산을 관리해 주고 조언해줌으로써 부자가 된 사람들이다.

물론 부자들에게만 자산관리 컨설팅을 해주는 것은 아니다. 강의를 듣거나 상담을 받은 팬들이 모여 2005년 5월 개설한 팬카페 '아이러브 고준석과 부동산 재테크(cafe.daum.net/gsm888)'는 현재 열혈 회원수가 1만 4,500명을 넘어설 정도로 인기가 뜨겁다.

나는 이곳 회원들의 자산관리 상담을 무료로 해주고 있다. 또한 부자가 되기 위해 먼 길을 마다하지 않고 컨설팅을 받으러 은행으로 찾아오는 사람들에게도 1시간씩 무료로 10년 넘게 상담을 해주고 있다. 이러한 나의 진심이 전해진 덕분인지 2006년에는 삼성경제연구소로부터 '부동산 재테크 최고의 명강사'로 선정되는 영예를 누리기도 했다.

나는 '처음부터 부자'였던 사람들의 부동산 투자 성공 비결을 소개하고자 이 책을 쓴 것이 아니다. '가지지 못한 자'에게 좌절감을 안기려고 이 책을 쓴 것도 아니다. 부동산에 투자하라고 선동하고자 이 책을 쓴 것은 더더욱 아니다.

이 책은 가진 것 없이 시작해서 대한민국의 1% 부동산 부자, 일명 '강남 부자'로 자수성가한 사람들의 성공 이야기다. 또한 종잣돈이 부족하다거나 먹고살기도 힘들다는 핑계를 대며 현실에 안주하지 않고 부자가 되고 싶다는 꿈을 결코 포기하지 않았던 사람들의 휴먼 스토리다.

그들은 처음부터 최고의 자리에서 시작한 것이 아니었다. 또한 그들은 부동산 시장이 흔들릴 때도 냉철한 판단력을 잃지 않았으며, 신중하게 판단했지만 확신이 서면 누구보다 과감하고 신속하게 행동으로 옮겼다. 이 책은 끈기와 남다른 실행력으로 부자의 자리에 올라섰지만 더욱 부자가 되기를 꿈꾸고 있는 사람들의 이야기다.

과거에도 그랬지만 우리나라 사람들은 여전히 부자들을 좋아하지 않는다. '부자'하면 편법이나 술수를 써서 돈을 벌지 않았나 하는 부정적인 편견을 가지고 바라보는 사람들도 많다. 대한민국은 부자들에게 호의적이지 않다.

하지만 내가 이 책에서 소개하는 대한민국의 부동산 부자들은 영국 신사보다 더 멋쟁이들이다. 이들은 부자에 대한 편견을 가진 것이 미안해질 정도로 정직한 노력으로 부자가 된 사람들이다. 또한 자신의 이름을 내세우지 않고 어려운 이웃을 도와주며, 절세는 알아도 탈세는 전혀 모르는 아름다운 부자들이다.

많은 사람들이 나에게 묻는다. 물려받은 자산이 많은 그들이 성공한 것은 당연한 일 아니냐고. 그러나 타고난 부자도 노력하지 않으면 오래가지 못한다. 다시 한 번 말하지만 부자가 부자일 수 있는 것은 처음부터 '부'를 가지고 시작했기 때문이 아니라, 부자의 자리에서도 더욱 큰 부자가 되기를 꿈꾸었기 때문이다. 부를 경멸하는 태도를 보이는 사람은 결코 신용할 수 없다. 부를 얻는 것에 절망한 사람이 부를 경멸하는 것임을 명심하자.

이 책을 부자들이 아니라 부자가 아닌 사람들이 읽어야 하는 이유가 여기에 있다. 나는 이 책에 내가 10년 동안 직접 그들을 부자가 되는 길로 인도하면서 겪은 실전 투자 사례들을 통해 그들의 '열망'을 담기 위해 노력했다. 부자들이 아닌 부자가 되고자 하는 사람들이 이 책을 읽어야 하는 이유를 여기서 찾을 수 있을 것이다.

내가 이 책에서 말하는 원칙들은 대부분의 사람들이 상식적으로 아는 내용일 수도 있다. 하지만 이를 제대로 실천하는 사람은 매우 드물다. 나는 평범하게 시작한 그들이 어떤 과정을 거쳐 대한민국을 대표하는 1% 부동산 부자가 되었는지를 들려줌으로써 강력하게 동기를 부여해서 행동을 이끌어 내는 데 초점을 두었다.

부디 이 책을 통해 부자들을 지금 그 자리에 있게 한 그들의 참된 정신을 배우기를 바란다. 실패를 두려워하지 않고 꿈을 포기하지 않는 부자들의 정신이 부자가 아닌 당신을 부자로 이끌어줄 것이라 감히 얘기할 수 있다.

수많은 재테크 종목 중에서도 부동산으로 부를 이룬 사람들은 특히 사고 자체가 남다르며 누구보다 빨리 자신의 생각을 행동으로 옮긴다.

나는 이 책을 읽은 독자들이 부자가 된 사람들을 그저 바라만 보며 부러워하는 데 그칠 것이 아니라, 그들을 부자로 이끈 원칙들을 철저히 습득해서 자신의 것으로 완벽하게 흡수했으면 하는 바람이다. 이 책을 읽고 한 사람이라도 더 부자가 되는 길에 가까워진다면 나는 더할 나위 없이 기쁠 것이다.

마지막으로 책을 집필할 수 있도록 많은 힘이 되어준 사랑하는 아내와 아들, 그리고 어머님과 형님께 감사의 말씀을 드린다. 또한 열정을 마음껏 발휘할 수 있도록 아낌없는 성원과 격려를 해주신 신한은행 식구들과 동국대 대학원 제자들, '아이러브 고준석과 부동산 재테크' 회원님들과 흐름출판 식구들에게 거듭 감사드린다.

고준석 올림

제 1 장

그들이 부자가
될 수밖에 없는 이유

부자들은
유혹당하지 않는다

강남에서 임대사업을 하고 있는 K씨(66세)

그는 부동산 자산만 100억 원대가 넘는다. 하지만 선친에게 물려받은 자산은 하나도 없었다. 그럼에도 자수성가해 알부자가 될 수 있었던 것은 수많은 부동산 투자 과정에서 유혹당하지 않았기 때문이다. 그는 아무리 좋아 보이는 부동산도 확신이 없으면 절대 투자하지 않았다.

1976년, 그는 투자의 갈림길에 서 있었다. 당시 강남의 영동(오늘날 강남구와 서초구 일대) 개발 붐을 타고 땅으로 꽤 많은 돈(4,000만 원)을 번 고등학교 동창 한 명이 찾아왔다. 친구는 국립공원으로 지정된 한려수도 주변의 임야에 투자하자고 제안했다. 먹고살기에 바빠 관광자원을 추가로 개발할 여유가 없던 시기였다.

친구는 개발계획이 서 있어 5년만 가지고 있으면 10배의 투자수익을 얻을 수 있다고 호언장담을 하며 건설교통부에 다니는 처삼촌한테서 입수한 고급 정보라고 했다. 그러니 더도 덜도 말고 66,115㎡(2만 평, 당시 시세 3.3㎡당 1,000~1,300원 정도) 정도만 사라고 권유했다.

유혹은 달콤했다. 그는 해당 군청을 통해 개발계획의 사실 여부를 확인해 보았지만, 단순히 2차선 도로가 생긴다는 답만 돌아왔다. 친구의 달콤한 유혹과는 거리가 멀었다.

당연히 투자 제안을 거절했다. 대신 압구정동에 미분양된 아파트(현재 구 현대 1차 171.6㎡)를 2,200만 원(대출 200만 원)을 주고 매입했다.

미분양된 아파트는 아무도 거들떠보지 않던 시기였다. 하지만 그는 생각이 달랐다. 그는 당시 서울의 인구와 소득이 기하급수적으로 늘어나고 있는 점에 주목했다. 향후 사람들이 쾌적한 주거환경을 선호하게 될 것이므로 당연히 집값이 상승할 것이라고 판단했고 그의 생각은 적중했다.

30여 년 전 3.3㎡(1평)당 44만 원에 분양받은 아파트 가격이 지금은 3.3㎡당 5,000만 원을 넘나들고 있다. 무려 100배 넘게 가격이 오른 것이다. 반면 투자 제안을 받았던 한려수도 주변의 임야는 자연환경보전지역으로 지정되어 아직도 당시 거래가격인 평당 800원 수준에 머물러 있다. 이후에도 그는 달콤한 부동산 투자 제안을 수없이 받았지만 한 번도 유혹당하지 않았다.

이처럼 부자가 되는 사람들은 유혹에 강하다. 친구들은 물론이고 친척들의 유혹에도 웬만해서는 잘 걸려들지 않는다. 달콤한 제안일수록 사실관계를 확인하고 또 확인하는 버릇이 있다. 또한 친분관계를 앞세워 투자를 권유해도 현실성 없는 유혹이다 싶으면 당차게 뿌리친다.

하지만 대부분의 사람들은 돈을 벌고 싶다는 욕심 때문에 쉽게 유혹에 흔들린다. 그들은 아주 작은 미끼에도 쉽게 걸려든다. 지인들이 물어다 준 개발계획을 듣고 세상에서 혼자만 알고 있는 고급 정보를 얻었다는 착각에 빠지기도 한다. '욕망의 롤러코스터'를 타고 흥분하기 시작하면 개발계획의 사실 여부는 간과하게 되고, 1~2년 후에는 3~4배의 투자수익을 거둘 수 있다는 환상을 품게 된다. 이렇게 유혹에 쉽게 휩쓸리는 가장 큰 이유는 돈이 되는 부동산인지 아닌지를 명확히 구분하지 못하기 때문이다.

부동산 고수는 목표를 달성할 때까지 끊임없이 찾아오는 유혹을 잘 견뎌낸다. 기억하라, 냉혹한 투자 환경에서 유혹을 이겨내지 못하면 절대로 부자가 될 수 없다는 사실을. 그들은 시장이 달아올라 가격이 상승할 때는 부동산을 쳐다보지도 않고 무관심으로 일관한다.

그러나 부동산 가격이 떨어지면 시장을 예의 주시하며 현실성이 높고 확신이 드는 유혹에는 스스로 걸려든다. 반면 보통 사람들은 가격이 폭락하는 당시에는 특별히 유혹을 느끼지 못한다. 오히려 시장이 뜨겁게 달아오르면 마치 유행하는 독감에 걸리듯 심한 유혹에 사로잡힌다. 일단 유혹의 포로가 되면 평소에는 매우 신중한 사람들도 '묻지 마 투자'의 늪으로 빠져들고 만다.

부동산 시장은 끊임없이 변한다. 기존의 생각만으로 순진하게 접근했다가는 '쪽박' 차기 십상이다. 시장은 언제나 투자자에게 우호적으로 접근한다. 그리고 솔깃한 정보들이 더해져 이른바 돈이 되는 '좋은 물건'으로 보이기 마련이다. 치열한 투자시장에서 끝까지 살아남기 위해서는 쭉정이인지 알곡인지 확실하게 구분할 수 있어야 한다. 쭉정이와 알곡을 구별하지 못하고 허둥댄다면, 분명 '쪽박'으로 이어질 것이다. 명심해야 할 것은 투자 손실은 시장에서 보상받을 수 없다는 것이다. 전적으로 투자자가 모든 손실을 감수해야 하며 스스로 책임져야 한다.

결코 유혹당하지 마라

현명한 부자들은 절대로 유혹에 휩쓸리지 않는다. 유혹당하지 않으려면 당신의 적은 누구이고, 아군은 누구인지 명확히 알아야 한다. 당신을 유혹하는 적들은 지나칠 정도로 친절한 태도로 투자수익을

100퍼센트 보장한다면서 자세한 개발계획을 이야기한다. 하지만 이것은 당신을 유혹하기 위한 냉혹한 술수다.

오늘도 부동산 시장은 당신도 모르는 사이에 당신의 돈을 가로채기 위해 온갖 정보로 당신을 유혹하고 있다. 명심하라, 부자들은 주변 사람들의 얘기나 분위기에 흔들리지 않고 미래가치를 찾아 투자했다는 사실을.

부자들은
미래에 투자한다

강남 지역에 재건축 예정 아파트만 세 채를 소유하고 있는 Y씨(53세)

그는 재건축이 끝나면 적어도 60억 원대 부자로 거듭나게 된다. 그는 10년 전 아무도 거들떠보지 않던 한강변 소형 아파트에 투자했다. 당장은 아니어도 언젠가 재건축만 되면 꽤 돈이 될 거라고 판단했다. 설령 재건축이 안 돼도 은퇴 후 들어오는 월세만으로도 손해 보는 투자는 아니라고 생각했다. 하지만 친구들은 한결같이 임대수익을 고려하여 상가에 투자하라고 조언했다.

당시는 아파트보다는 상가가 투자처로 인기를 끌던 때였다. 임대수익만 고려하면 상가 투자가 훨씬 남는 장사였다. 그래서 그도 지인들의 조언에 따라 수원에 있는 3층짜리 근린상가(임대수익 월 300만 원)에 투자하려고 했다.

하지만 그는 건물과 임차인들을 제대로 관리할 자신이 없었다. 그래서 상가에 투자할 생각을 접었다. 대신 소형 아파트를 매입했다. 투자할 당시 모두가 말린 아파트였다. 비록 아파트는 허름했지만 토지 지분이 많아 이후 가치가 상승할 것이라는 확신이 있었다.

현재, 아직 재건축이 시작된 것은 아니지만 투자 시점에 대비하여 아파트 가격은 상상도 못할 만큼 올랐다. 오래된 소형 아파트를 거들떠보지 않는 시장 분위기에 휩쓸리지 않고 소신껏 미래에 투자한 과단성이 성공을 부른 것이다.

이처럼 부동산 하수는 현재의 시장 분위기에 휩쓸리지만 고수는 미래를 내다보고 투자한다. 고수들은 지금은 좀 손해를 보는 듯해도 미래에는 분명 돈이 된다는 확신이 서면 주저하지 않고 투자한다. 그리고 본인이 가장 자신 있는 부동산을 골라 과감하게 투자한다. 또한 사람들이 거들떠보지도 않고 하찮게 여기는 부동산도 귀하게 여길 줄 안다. 다시 말해 넉넉한 마음을 가진 장기투자 전문가들이다.

반면 부동산 하수들은 현재의 이익에만 급급한 나머지 돈이 된다고만 하면 잘 모르는 부동산에도 허둥지둥 투자한다. 주변의 사탕발림에 쉽게 넘어가는 이유도 이에 있다. 이렇게 조급증이 있는 단기투자자들은 눈앞의 투자수익이 보장되지 않는 미래에 투자하는 것을 힘들고 버거워하며 쉽게 포기하고 만다.

그러나 아무런 준비도 없이 그냥 막연하게 '미래에 투자한다'고 해서 모두가 부자가 되는 것은 아니다. 기회가 왔을 때 놓치지 않고 즉시 실행할 수 있는 능력을 길러야 한다. 준비된 사람들만이 성공을 보장받을 수 있다는 얘기다.

현재의 시장 분위기가 아닌 미래를 보고 투자하는 원칙은 내 집 마련에서도 예외가 아니다. 보통 사람들은 내 집 마련을 안일하고 단순하게 생각하는 경향이 있다. 청약통장만 있으면 내 집 마련이 보장되는 것으로 착각하기도 한다. 또한 아무런 준비도 없이 과단성도 없이 그저 매수 시점만 저울질한다. 그들은 바쁜 일상을 핑계로 내 집 마련 계획조차 세우지 않고 세월 타령만 하며 청약통장을 종교처럼 믿고만 있을 뿐이다.

현재 알부자 소리를 듣고 있는 연예인 B씨는 2003년, 다 쓰러져가는 반포 3단지 아파트(59.5㎡평, 매입가 3억 5,000만 원)에 투자했다. 아무도 거들떠보지 않던 아파트였다. 연예계에서 재테크 좀 한다고 소문난 동료들조차 왜 지천에 널린 멀쩡한 아파트들을 놔두고 돈도 안 되는 작고 허름한 아파트에 투자하느냐고 모두들 말렸다.

그러나 그의 생각은 달랐다. 종잣돈이 부족해 새 아파트를 매입하는 것은 엄두조차 나지 않았지만, 결혼 적령기는 다가오는데 마냥 내 집 마련을 미룰 수만은 없었다. 비록 지금은 볼품없는 소형아파트지만, 5~6년 후에 재건축만 된다면 분명 돈이 될 거라 확신했다.

그의 판단은 적중했다. 재건축이 끝난 현재 새 아파트(112.2㎡)로 탈바꿈했기 때문이다. 3억 5,000만 원에 매입한 아파트로 현재 무려 13억 5,000만 원의 투자수익을 올리고 있다.

현재의 분위기에 현혹되지 말고 미래에 투자해라

부동산 고수는 당장은 돈이 되지 않는 쓰러져가는 오두막집이라 할지라도 미래에 가치가 상승하리라는 확신이 들면 과감하게 투자한다. 그리고 돈이 될 때까지 느긋하게 기다릴 줄 안다. 또한 그들은 부동산 투자에 한두 번 성공했다고 해서 결코 자만하지 않는다.

장기적 안목으로 인내심을 가지고 기다릴 각오가 되어 있지 않은가?

혹은 단기수익이 목적인가?

그렇다면 처음부터 아예 주식시장으로 발길을 돌리는 것이 좋다. 그런 하수 마인드로는 절대로 부동산 시장에서 성공할 수 없기 때문이다.

『손자병법』에서도 전쟁에서 승리하려면 "적이 오지 않기를 바라지 말고 적이 오기를 대비하라"라고 일갈하고 있지 않은가. 장기적 안목으로 미래에 투자하는 부동산 고수들의 투자 패턴을 되새겨볼 필요가 있는 대목이다.

부자들은 실패에
집착하지 않는다

재미동포 L씨(55세)

그는 실패와 고생을 밥 먹듯이 했지만, 슈퍼마켓 운영으로 이민 생활 15년 만에 코리안 드림을 이루었다. 성실하게 일한 덕분에 장사도 잘됐고 꽤 많은 돈을 모았다.

하지만 그는 성공할수록 고국에 대한 향수가 깊어만 갔고, 마음 한 구석이 늘 허전했다. 그래서 그는 노후를 고국에서 보내고자 한국의 부동산에 투자하기로 결심했다. 고향 친구를 통해 투자할 부동산을 물색하던 중, 경기도 포천의 임야 305,785.12㎡(100만 평, 3.3㎡당 100원)를 소개받았고, 급한 마음에 땅을 직접 보지도 않고 10억 원에 매입했다.

적은 액수가 아니었지만 결코 땅에 대해서 많이 알고 투자한 것은 아니었다. 오로지 투자가치가 확실하다는 친구의 말만 믿고 내린 결정이었다. 하지만 그는 투자만 해놓았을 뿐 제대로 관리하지 못했다.

세월이 흘러 10년이 지나도 땅값은 오르지 않았다. 오르기는커녕 자꾸만 떨어지는 땅값 때문에 걱정스러워진 그는 급기야 전문가를 찾아 자문을 구했다. 그 결과 투자한 땅은 자연환경보전지역으로 개발제한구역과 동시에 군사보호구역으로 묶여 있어 개발할 수가 없을 뿐더러 앞으로 100년이 지나도 가격은 오르지 않을 것이라는 부정적 답변을 들었다. 더불어 최대한 빨리 처분해서 다른 부동산에 투자하는 것이 손실을 줄이는 유일한 길이라는 조언도 들었다.

그는 며칠 동안 밤잠을 설쳤다. 하지만 친구를 원망하지는 않았다. 어차피 자신이 선택한 결과였기 때문이다. 그는 곧바로 전문가의 도움을 받아 임야를 매도하는 데 최선을 다했다. 그렇게 8개월을 고생한 끝에 땅을 절실하게 필요로 하는 매수자(장뇌삼영농조합)를 만났다. 실수요자를 만난 덕분에 3.3㎡당 1,050원에 매도할 수 있었다. 투자한 지 11년 만에 5,000만 원의 수익을 남긴 것이다. 완벽한 실패였다.

그러나 그는 실패에 집착하지 않기로 했다. 전문가의 조언대로 재투자하기로 결심했다. 미국에서 돈도 더 가지고 들어왔다. 이번엔 강남 신사동의 가로수 길에 위치한 4층짜리 상가 건물(대지 314㎡, 연면적 661㎡)을 25억 6,000만 원에 매입했다.

현재 투자한 지 9년이 지났지만 처분할 생각은 손톱만큼도 없다. 상가 건물은 가격이 80억 원까지 올랐고, 여기에 매월 3,000만 원 정도의 임대수익까지 거두고 있기 때문이다.

아무리 부동산 고수라 해도 한두 번쯤은 실패한 경험을 가지고 있다. 하지만 그들은 실패를 두려워하지 않고 오히려 성공의 밑거름으로 삼았다는 공통점이 있다. 그들은 실패를 경험할수록 더욱 유연해지려고 노력한다. 그리고 다시 실패하지 않기 위해서 전문가와 함께 투자에 나선다.

하지만 부동산 하수는 실패가 두려워 투자를 망설인다. 또한 투자에 실패하면 세상이 끝나는 것으로 생각하며, 유연성은 좀처럼 찾아보기 힘들다. 그들은 실패를 발판으로 삼아 다시 도전하려는 의지가 약하다.

L씨가 첫 부동산 투자에 실패한 결정적 원인은 친구의 얘기만 맹신한 데 있었다. 그렇지만 거금을 들여 사들인 땅을 10년 동안 한 번도 돌보지 않은 것이 가장 큰 실패 원인이었다. 설령 잘못된 투자였어도 투자가치가 없다는 사실을 좀 더 일찍 알았다면 투자 기간에 따른 기회손실을 줄일 수 있었을 것이다.

물론 처음부터 잘못된 투자였지만, 땅만 사놓고 10년 동안 전혀 관리하지 않은 것이 더 큰 실패의 원인이 된 것이다. 그러나 L씨는 생애 최초의 투자에 실패했지만 재투자를 결코 두려워하지 않았다. 실패를 거울삼아 상가 건물에 투자해 성공하는 유연성의 극치를 보여줬다.

'억' 소리 나는 투자 실패에도 주눅들지 마라

내가 만나온 대한민국의 내로라하는 부동산 고수들은 모두가 예외 없이 실패에 유연하게 대처하는 능력을 보여줬다. 부(富)를 담는 그릇이 크면 클수록 그리고 실패를 많이 하면 할수록 더 유연해진다. 그들은 '억' 소리 나는 투자에 실패하고서도 결코 미련을 두거나, 주눅들지 않았다. 오히려 더 큰 성공을 향한 새로운 도전으로 현재의 성공을 쟁취했다.

유연성은 부동산 투자에서뿐만 아니라 시대와 환경을 막론하고 조직에서든 개인적 인간관계에서든 성공을 담보하는 최고의 자산이다. 힘겨운 상황에서도 감정을 억제하고 평정심을 유지하며 이를 성공의 발판으로 삼을 수 있게 만드는 덕목이 바로 유연한 사고 혹은 유연한 대처 능력 즉, 유연성이다.

또한 예기치 못한 상황에서도 당황하지 않고 전체를 바라보기 위해서는 유연성이 필요하다. 유연성이 있어야 위험을 피하는 법을 배우고 이를 통해 손해를 방지할 수 있는 것이다.

부동산 고수는 과거 한두 번의 실패에 연연하지 않는다. 그들은 과거의 실패를 극복하지 못하면 불필요한 집착과 편견에 사로잡히게 된다는 사실을 누구보다도 잘 알고 있는 '마음 컨트롤'의 귀재다.

또한 그들은 자신만의 투자 원칙을 지키려고 부단히 노력하지만 결코 외고집을 부리지는 않는다. 현명한 조력자의 조언에 귀 기울일 줄 알며 변화무쌍한 부동산 시장에서 언제나 유연성을 잃지 않으려고 노력한다.

부자들은 투자도 배우자와 함께 한다

'잉꼬 투자'로 성공한 J씨(47세)

20년 전, 그는 결혼한 지 6개월 만에 신혼집을 팔아 미국 유학길에 올랐다. 그리고 2001년에 학위를 마치고 10여 년 만에 귀국했지만, 집을 장만하기에는 가지고 있던 돈이 턱없이 부족했다. 그렇다고 양가 부모님에게 도움을 청할 수도 없었다. 그래서 흑석동의 전셋집(임대보증금 9,000만 원)으로 들어갔다.

전셋집에서 1년 정도 살다 보니 J씨 부부는 내 집 마련에 대한 고민이 생기기 시작했다. 월급만으로는 도저히 집 장만이 불가능해 보였다. 하지만 내 집 마련 계획을 둘러싸고 부부의 의견 차가 상당했다. 그래서 이들 부부는 서로의 의견 차이를 좁히기 위해 많은 대화를 나눴다.

그 결과 두 사람은 부담이 좀 되더라도 대출금을 끼고 내 집을 마련하자는 합의에 이르렀다. 부부가 의견을 통일하니 내 집 마련을 위한 힘든 과정을 가뿐하게 이겨나갈 힘이 솟았다.

2002년 당시 LTV(주택담보비율)는 80%까지 가능했기에 서초동 우성아파트(119.09㎡)를 2억 7,000만 원(36평형)에 매입했다. 대출이자는 부담되었지만, 내 집 마련에 성공한 J씨 부부는 그 부담을 기꺼이 받아들일 만큼 기뻤다. 배우자와 함께 고민하고, 즐겁게 내 집 마련에 나선 결과였다. 허리띠를 졸라맨 덕분에 대출금(2억 1,000만 원)도 전부 갚을 수 있었다. 그 뒤 아파트 가격은 8억 5,000만 원까지 올랐다.

2009년 8월, J씨 부부는 또다시 며칠을 고민한 끝에 우성아파트를 매도하고 한강변에 있는 한신 3차 아파트로 갈아탔다. 그들 부부는 서로에게 잘될 거라고 수십 번씩 위로와 격려를 해주었다. 또한 중개업소나 현장에도 항상 같이 다니면서 상대방이 미처 못 보고 간과하는 것들을 꼼꼼하게 챙겨주었다.

이번에도 J씨 부부의 선택은 성공적이었다. 매도한 우성아파트는 가격이 1억 2,000만 원이나 떨어졌는데, 갈아탄 한신 3차 아파트는 오히려 올랐기 때문이다. 재건축이 끝나면 가격이 더 올라갈 것은 불보듯 뻔하다.

이처럼 부자가 '되는' 사람들은 모든 투자 과정을 배우자와 함께 한다. 그들은 항상 배우자와 대화를 통해 서로의 의견을 나누며, 의견 차이를 좁혀나간다. 그리고 끊임없이 서로를 격려하며, 목표를 세우고 함께 도전하며 꿈을 이뤄나간다.

또한 시장조사부터 계약을 마칠 때까지 배우자의 단점을 서로 보완해 준다. 배우자와 함께 즐기면서 거둔 성공이기에 경제적 이익 그 이상의 기쁨을 맛볼 수 있다.

반면에 부자가 '되지 못하는' 사람들은 배우자와 함께하지 않는다. 그들은 배우자가 의견을 얘기해도 무시하기 일쑤다. 반면 다른 사람들의 이야기는 철썩같이 믿고 따른다. 또한 고의인지 우연의 일치인지 항상 배우자와 의견을 달리하며, 배우자를 배제한 채 단독으로 투자를 결정하고 실행에 나선다.

하지만 배우자와 함께하지 않는 투자는 성공보다 실패할 확률이 더 높으며, 실패에 따른 고통 역시 더 크다. 수많은 투자시장 중에서도 부동산 시장은 가장 치열한 경쟁이 펼쳐지는 적자생존의 정글이다. 이런 위험한 시장에서 가장 든든한 조력자는 바로 배우자임을 잊지 말자.

배우자와 즐기면서 투자하라

전쟁의 신이라 불리는 나폴레옹조차 "누구나 전쟁을 계획할 수는 있지만, 혼자만의 힘으로 승리할 수는 없다"라고 단언하지 않았던가. 부자를 꿈꾸기 시작한 처음부터 배우자와 함께 꿈꾸고 계획해라. 그리고 함께 실행하라. 부동산 투자 계획을 세울 때 배우자의 반대에 부딪힐 수도 있다. 그러나 배우자 동의 없이 혼자만의 생각으로 투자를 실행하는 오류를 범하지 마라.

부동산은 그 어떤 투자 종목보다도 투자 규모가 크다. 자그마치 전 자산의 80~90% 정도를 움직여야 한다. 가정경제에 결정적인 영향을 미칠 수밖에 없는 이런 중대한 투자를 배우자의 동의 없이 독단적으로 결정하여 실행한다면 그 결과와 상관없이 배우자는 심한 무력감과 배신감을 느낄 수밖에 없다. 이처럼 설령 투자 결과가 좋더라도 배우자와 함께하지 않는 투자는 부부 관계에 악영향을 미치며, 장기적으로 투자 결과에도 좋지 않은 영향을 미칠 수 있다.

인생의 가장 큰 자산은 당신의 배우자다. 배우자는 경계의 대상이 아니다. 서로 없어서는 안 될 순치보거(脣齒輔車 : 입술과 이빨, 수레의 덧방나무와 바퀴같이 서로 없어서는 안 되는 관계)라는 사실을 명심하자.

부자 엄마 & 가난한 엄마

잠실에서 비교적 넉넉하게 사는 Y씨(56세)

유명 대학에서 경제학을 가르치는 교수인 그는 모든 자산관리를 아내에게 맡기고 있다. 물론 처음부터 아내에게 맡겼던 건 아니다. 신혼 초, 그는 아내의 반대를 무릅쓰고 전공 분야인 주식 투자로 종잣돈을 모으기 위해 노력했다.

하지만 실패의 연속이었다. 이론과 현실은 너무도 달랐다. 월급봉투를 주식시장으로 가져갈 때마다 번번이 깨졌다. 경제학을 공부해 받은 박사학위가 아깝다는 자괴감마저 들었다.

그 무렵부터 살림만 하던 아내가 월급통장을 관리하기 시작했다. '재테크'의 '재' 자도 모르던 아내였지만 7년 만에 내 집 마련에 성공했다. 아내의 자산관리 방법은 달랐다. 동네에서 부자로 소문난 엄마들을 재테크 스승으로 삼아 저축하는 방법까지 따라했다.

하지만 주식시장에는 얼씬대지도 않았다. 오로지 부동산 재테크에만 관심을 쏟았다. 종잣돈이 부족했기 때문에 꾸준히 아파트 분양시장에 관심을 기울였고, 모르는 것은 중개업소를 비롯해 모델하우스 등 현장을 방문하며 배웠다.

드디어 2000년, 미분양된 삼성동 아이파크(181.81㎡)를 7억 2,360만 원에 매입했다. 처음에 그는 아내의 결정에 반대했다. 하지만 결심이 확고한 아내의 설득에 결국 두 손 두 발 다 들 수밖에 없었다.

삼성동 아이파크는 봉은초등학교, 봉은중학교, 경기고등학교, 휘문고등학교 등 우수한 교육환경을 자랑하는 지역에 있었다. 또한 삼성의료원을 비롯해 아산병원, 현대백화점, 갤러리아백화점, 코엑스 등 편의시설을 두루 갖춘 최고의 주거지로 꼽히는 곳이었다.

여기에 지하철 7호선 청담역이 인접해 교통환경도 우수하고, 넓은 녹지공간과 한강을 조망할 수 있는 자연환경까지 갖추고 있어 분명히 다른 아파트 단지보다 가치가 상승할 것이라는 게 아내의 설명이었다. 2011년 3월 현재 매매시세가 28억 7,000만 원이니, 투자 이익만 무려 21억 5,000만 원에 이른다.

2009년, Y씨의 은퇴 이후를 고민하던 아내는 건국대학교 앞 상가 건물(매입가 24억 3,000만 원, 대출금 10억 5,000만 원)을 대출을 끼고 사들였다. 비용을 줄이고자 아내가 직접 세입자들의 명도에 나섰고, 직접 리모델링까지 마쳤다. 이렇게 아내가 발로 뛴 덕분에 현재는 월 1,000만 원의 임대수익(수익률 8.6%)을 올리고 있다.

이처럼 '부자 엄마'들은 부동산에 대해서 아는 것보다 모르는 것이 더 많아도 부족한 부분을 이론이 아닌 현장을 발로 뛰면서 채워나간다. 꾸준히 현장을 돌아다니며 이것저것 분석하고 투자 기회를 엿본다.

또한 주변의 부자 엄마들의 조언에 귀를 기울이며 배우고 또 배운다. 어렵거나 잘 모르는 일도 다른 사람에게 맡기지 않고 직접 처리하며 실전 경험을 쌓아간다.

반면 '가난한 엄마'들은 대부분 자산관리를 남편의 몫으로 떠넘긴다. 또한 주변의 부자 엄마들의 얘기에 관심을 기울이지 않는다. 게다가 어렵게 투자 결심을 하더라도 두 발로 뛰기보다는 시장 분위기에 편승한 투자를 하다 손해 보기 일쑤다. 그리고 힘들거나 어려운 일들은 비용이 들어가도 다른 사람에게 맡기는 편이다. 이런 사람들은 절대로 부자 엄마가 될 수 없다.

일본에 외환 투자에 나서는 일명 '와타나베 부인'이 있다면, 한국에는 부동산 투자에 나서는 '강남 아줌마'가 있다. 나는 이런 현상을 부동산 투자는 경제 이론을 많이 아는 '아빠' 보다, 지역 경제에 밝은 '엄마' 가 더 잘한다는 의미로 해석하고 있다.

그들은 빠듯한 생활비를 줄여가며 종잣돈을 만들고, 부지런히 지역 정보를 수집한다. 부동산 투자는 이론을 많이 알거나 돈만 많다고 해서 성공하는 것은 아니다.

재무 설계를 가장 잘할 수 있는 주체는 바로 주부다. 가정경제의 중심에 서 있기에 누구보다 돈의 흐름을 잘 알고 잘 관리할 수 있는 주부가 더 체계적으로 재무 관리를 할 수 있다. 아빠들은 경제 상황이 어려워질수록 부동산에는 관심을 쏟지 않는다. 반면에 하루라도 일찍 내 집을 마련하고 싶어하는 엄마들은 경제가 어려워질수록 시장에 더 많은 관심을 기울인다. 이렇게 현장을 뛰어다니며 공부하는 엄마들이 부동산 투자에서 성공할 확률이 높은 것이다.

이런 '시크릿' 을 누구보다도 잘 알고 있어서일까. 금융업에 종사하는 내 지인들만 봐도 그렇다. 그들은 재테크 최고 전문가임에도 가계의 자산관리며 모든 경제권을 아내에게 맡기고 있다.

처음부터 완벽하게 할 수는 없더라도 관심과 노력을 기울이면 충분히 혼자서도 어느 정도 재무 설계를 할 수 있다. 혼자 하기에 벅차다면 재무 설계를 전문으로 하는 컨설턴트의 도움을 받으면 된다.

투자는 부자 아빠와 부자 엄마의 팀플레이로 완성된다

부자는 하루아침에 만들어지지 않는다. 흥부네 박이 터지는 기적이 일어나지 않는 이상 절대 하루아침에 부자가 될 수는 없다. 부자 엄마들이 성공할 수 있었던 것은 뚜렷한 목표를 세우고 부자 아빠와 함께 하루하루 꾸준히 공부하며 노력한 덕분이라는 사실을 기억하라.

부자 아빠 & 가난한 아빠

무교동에서 대중음식점을 하는 H씨(52세)

그는 좀처럼 아내의 얘기를 귀담아 듣지 않았다. 2001년, 아내가 아파트(압구정동 구 현대 1차 110㎡, 당시 시세 2억 5,000만 원)에 투자하자고 강력하게 얘기했다. 하지만 자존심이 강하고 자신의 판단을 절대적으로 신뢰하는 그는 아내의 말을 무시했다.

주식 투자 대신 부동산 투자를 권유하던 아내에게, "애들이나 잘 키워라. 자산관리에 신경 쓰지 말고 살림이나 잘해라. 당신은 신문도 안 보냐. 요즘과 같은 경제 상황에서 부동산 투자가 말이나 되냐!"라고 핀잔 주기 일쑤였다.

하지만 아내의 조언을 무시한 결과는 참담했다. 지금까지 한 방의 대박만을 노리며 주식 투자에만 '올인' 했지만 현재는 투자액의 5분의 1밖에 남지 않았다. 반면 아내가 추천했던 아파트는 8배 이상 가격이 올랐다. 친구의 얘기는 잘 들으면서 아내의 얘기는 귀찮게만 생각했던 것이 재테크 성적을 엉망진창으로 만들어놓은 것이다.

그는 지금도 월 1,000만 원 정도의 수입을 꾸준히 올리고 있다. 하지만 장사를 접은 이후의 노후가 걱정인 그는 지금이라도 아내에게 자산관리를 맡겨볼 생각이다. 가난한 아빠가 된 그는 현재 아내의 조언을 듣지 않은 것을 뼛속 깊이 후회하고 있다.

대부분의 가난한 아빠들은 한 방이면 된다는 환상에 사로잡혀 있다. 화려한 불빛만을 좇는 불나방처럼 일확천금을 노리며 주식 투자에 빠져든다. 그들은 아내의 진심 어린 조언에는 핀잔으로 일관하며, 부동산은 쳐다보지도 않는다. 은퇴 이후는 전혀 준비하지 않으며, 초조한 마음으로 당장의 수익에만 급급한다. 이러한 투자 습관의 종착역은 '가난한 아빠'일 뿐이다.

그러나 부자 아빠들은 다르다. 절대로 한 방을 노리지 않으며, 꾸준한 자산관리 노하우를 통해 자산을 불려나간다. 또한 한 종목에만 몰아서 투자하지 않는다. 현재의 수익에 급급하지 않고, 미래 수익에 중점을 두며 은퇴 이후를 오랫동안 계획적으로 준비한다.

"대부분의 사람들은 지독하게 자기중심적이어서 오로지 자신에게만 관심이 있다. 그들은 누가 어떤 말을 해도 항상 자기 상황만 생각한다."

독일의 철학자 쇼펜하우어가 말한 것처럼 누가 어떤 말을 해도 듣지 않는 자기중심적인 '아빠'들이 많다. 게다가 일반적으로 '아빠'들은 내 집 마련에 대한 절박함이 '엄마'들보다 부족하다. 평일에는 회사 일 때문에 바쁘고 휴일에는 쉬느라 바빠, 허리띠 졸라매며 내 집을 마련하기 위해 최선을 다하고 있는 '부자 엄마'의 얘기는 귀담아 들으려고 하지 않는다.

'부자 엄마'와 함께 꿈꿔라

결혼 생활 10년이 넘어서도 내 집을 마련하지 못해 이사철만 되면 전셋값 걱정에 전전긍긍하는 사람이 있다. 반면 결혼 4~5년 만에도 내 집 마련을 거뜬히 해내는 사람이 있다. 이는 현실을 아는 사람과 모르는 사람의 차이 때문이다. 현실을 직시할 때 비로소 부자가 될 가능성이 높아진다. 현실을 모르는 사람은 꿈에 취해 있을 수밖에 없다. 현실을 직시하지 못하면 가난한 아빠가 될 뿐이다.

'가난한 아빠'에서 벗어나 '부자 아빠'가 되고 싶다면 우선 투자 편식의 습성부터 버려야 한다. 또한 은퇴 이후를 생각한다면 항상 아내의 조언을 귀담아 들어라. 그리고 부자 아빠들은 이미 모든 자산관리를 아내에게 신탁하고 있다는 사실도 명심하라. 부자 아빠가 되고 싶다면 지금 당장 모든 자산관리를 아내와 함께하든지, 아니면 아예 '부자 엄마'에게 맡겨라.

부자들은 빚을
두려워하지 않는다

중소기업에 다니는 H씨(36세)

그는 평범한 샐러리맨이지만 부동산으로 부자가 되고 싶은 꿈을 가지고 있다. 그리고 꿈을 실현하기 위한 첫걸음이 내 집 마련이란 사실도 잘 알고 있다. 그런데 몇 년째 레버리지(leverage)에 대한 두려움을 극복하지 못해 꿈을 실행조차 하지 못하고 있다.

그는 내 집 마련을 위한 1순위 청약통장은 물론 전셋돈 2억 5,000만 원과 금융자산 1억 4,000만 원을 가지고 있다. 하지만 서울 지역의 아파트(전용면적 85㎡)를 분양받기 위해서는 대출금을 1억 6,000만 원 정도 더 받아야 하는 실정이다.

그동안 꾸준히 돈을 모았지만 아파트 가격이 올라가는 속도를 도저히 따라잡을 수 없었다. 더군다나 부동산 시장이 급변하고 있고 시장이 워낙 안 좋아서 불안하기만 하다. 그런 와중에 전셋값이 꾸준히 상승하고 있어 내 집 마련의 기회를 엿보고 있지만, 무리해서라도 대출을 받아 집을 사야 하는지 판단이 서질 않는다. 자칫 무리해서 집을 샀다가 가격이 떨어지기라도 하면 손해일 게 뻔하기 때문이다. 그래서 2년째 대출을 받을지 말지를 고민만 하고 있다.

이처럼 부자가 되지 못하는 사람들은 레버리지에 대한 두려움을 극복하지 못한다. '혹시 대출금리가 올라가면 어떡하지', '대출금을 끼고 집을 장만했다가 집값이 떨어지면 어떡하지', '대출 원리금은 언제 다 갚지' 등의 불안감 때문에 자신과 타협하며 안주한다. 결국 이자에 대한 두려움과 편견을 극복하지 못하고 내 집 마련을 또 내일로 미루고 있는 것이다. 내 집 마련을 못할 수밖에 없는 이유다.

그렇다고 성실하게 저축만 하면서 무조건 기다린다고 저절로 집을 장만할 수 있는 것은 아니다. 맞벌이 부부가 한 달에 500만 원씩 10년을 저축해도 웬만한 교육환경과 편의시설을 갖춘 지역의 집을 사기란 쉽지 않다.

L씨는 1998년 IMF 시절 대치동에 대출금 8,000만 원을 끼고 아파트(선경 1차 84㎡, 당시 시세 2억 5,000만 원)를 장만했다. 당시 8,000만

원이라는 대출금은 큰돈이었지만 열심히 벌어서 갚을 수 있다는 자신감이 있었다. 원래는 상환 기간을 5년으로 잡았지만, 3년 8개월 만에 대출금을 전부 갚을 수 있었다.

확실히 저축으로 종잣돈을 모으는 속도보다는 대출금을 갚는 속도가 더 빨랐다. 대출금은 그가 내 집을 마련하는 데 가장 큰 힘이 됐다. 당시 부족한 자금을 대출 받아 집을 사지 않았다면, 아마 지금까지도 남의 전세방을 돌고 있었을 것이다.

2007년, 그는 상가 건물에 투자하기 위해 서울과 수도권 전 지역을 누비고 다녔다. 상가 건물에 투자하는 사람치고는 종잣돈이 8억 8,000만 원 정도로 그리 많지 않았다. 하지만 상가에 투자한다는 소문이 퍼져 여기저기서 좋은 물건을 소개해 주는 사람들이 많았다. 그러던 중 지하철 9호선 주변에 위치한 상가 건물(18억 5,000만 원)이 급매로 나왔다.

그는 3일을 고민한 끝에 부족한 자금은 대출금으로 조달하기로 했다. 큰돈을 빌려야 했기에 부담은 됐지만, 예전에 집을 마련할 때 대출금을 받아본 경험이 심리적으로 도움이 되었다.

매월 나오는 800만 원의 임대수익으로 대출이자를 지출하고도 월 300만 원 정도의 수익이 생겼다. 그는 좀 더 규모가 큰 상가 건물에 투자하기 위해 2009년 29억 6,000만 원에 처분했다. 결국 11억

1,000만 원의 자본수익(세금공제 전)을 올렸다. 레버리지 효과를 톡톡히 누린 셈이다.

이처럼 부자들은 레버리지를 두려워하지 않는다. 미래의 자금 계획이 확실히 세워졌다면, 당장은 좀 부담이 되더라도 대출을 받아 투자에 나선다. 그들은 저축으로 돈을 모으는 속도는 오르막길을 올라갈 때처럼 느리다면, 대출금을 상환하는 속도는 비탈길을 내려갈 때처럼 빠르다는 것을 알고 있다. 부자들을 설령 투자할 돈을 전부 가지고 있다 하더라도 일부 금액은 대출을 받아 투자수익을 더 극대화할 줄 안다.

반면 레버리지를 두려워하는 사람들은 부자가 되기 힘들다. 이런 사람들은 모든 실물자산이 인플레이션 위험에 노출되어 있다는 사실조차 모르고 있다. 분명한 것은 자기 자금만으로 부동산 투자에 나서기에는 어려움이 많다는 사실이다.

1억 원을 모으는 데 걸리는 시간을 산출해보자. 보통 사람이 1억 원을 모으기 위해서는 매월 100만 원씩 저축을 해도 최소 7~8년이 걸린다. 이렇게 당신이 종잣돈을 모으는 사이 인플레이션으로 분명 집값은 올라가고 화폐가치는 떨어질 것이다.

당연한 얘기지만 무리한 대출은 부담이 될 수 있다. 그렇지만 자신의 소득 수준에 맞는 대출은 많은 도움이 된다. 대출금 규모는 집값의 30% 정도가 적정하다. 70% 정도는 자기 자금으로 조달해야 무리가 따르지 않는다.

이때 대출 원리금은 연소득의 30% 이내에서 상환할 수 있도록 하는 것이 바람직하다. 흔히 내 집을 마련할 때는 조금 무리해도 괜찮다는 얘기들을 한다. 하지만 대출 원리금을 감당하지 못하면 결국 모든 책임은 본인 혼자서 져야 한다는 사실을 명심해야 한다.

적당한 레버리지의 규모

- 월 소득 400만 원(배우자 합산)
- 월 소득의 30%인 120만 원 범위 내에서 대출원리금을 상환할 수 있어야 한다.
- 대출이자 연 4.8%
- 대출 기간 20년(240개월)

산식

- 분할상환 원리금 = $A \times r \times (1+r)n / \{(1+r)n-1\}$
- A : 대출원금, r : 월이율(연이율/12), n : 기간(개월 수)
  예〉 120만 = $A \times 0.4 \times (1+0.4)240 / \{(1+0.4)240-1\}$
- 대출 가능 금액 : 1억 8,000만 원

결과적으로 적당한 레버리지는 내 집 마련 기간을 단축시켜 주며, 투자수익을 극대화시켜 준다. 월급에서 각종 생활비와 대출 원리금을 지출해야 하므로 당장은 가계가 힘들겠지만, 결코 두려워하지 마라. 당신의 경제력에 맞는 대출금은 가정 생활에 적당한 긴장감을 불어넣어주며, 부자가 되는 지름길로 안내해 주는 최적의 길잡이가 되어줄 것이다.

집을 장만할 때 대출금을 좀 받았다고 해서 가정경제가 파탄 나는 일은 결코 없다. 돈을 모으기에는 저축하는 것보다 대출금을 받아 상환하는 것이 더 빠르다. 대출금이 있으면 허리띠를 더 졸라매며, 최소한의 지출만 허용하기 때문이다.

부자들은 레버리지를 두려워하지 않는다

레버리지는 어디에 사용하느냐에 따라 쪽박이 될 수도 대박이 될 수도 있다. 대출금을 받아 승용차를 구입하는 것은 소비성 지출이기 때문에 독이 될 수도 있다. 반면 부동산 투자, 즉 내 집 마련에 사용하는 것은 저축성 지출이기 때문에 레버리지 효과를 극대화할 수도 있다는 사실을 명심했으면 한다.

부자들의
은행 활용법

보통 대출이란 돈이 부족한 사람이 하는 거라고 생각하는데 이는 잘못된 생각이다. 대출은 돈을 불리기 위한 필수 과정이기도 하다. 부자들은 대출의 기술도 남다르다. 그들에게 돈을 잘 모으고 잘 굴리는 것은 기본이다. 여기에 대출(레버리지) 이자를 잘 관리해 새나가는 지출을 줄이는 것이 부자가 되기 위한 필수 조건이다.

한때 대출 받기가 어려워 대출만 받을 수 있다면 금액 불문, 금리 불문을 외치던 때도 있었다. 하지만 지금은 옛날이야기가 된 지 오래다. 대출도 내 사정에 따라 맞춤형으로 골라서 받는 시대인 만큼 대출을 효과적으로 활용해 이자 부담을 줄이는 재테크의 기술이 필요하다.

나는 그동안 만나온 부동산 고수들에게서 평범한 듯하면서도 비범한 몇 가지 '대출의 기술'을 발견할 수 있었다.

첫째, 복잡한 대출도 마다하지 않는다

편리성으로 따지자면 신용카드 현금서비스나 대출 전용 카드를 이용하는 대출을 따를 것이 없다. 대출을 받기 위해 서류를 작성할 필요도 없고 따로 신청할 필요도 없다. 그저 필요하면 통장에서 잔액을 인출하듯 가까운 자동지급기를 찾기만 하면 된다.

그에 비해 일반대출은 다소 번거로운 절차를 거쳐야 한다. 사용하기 전에 미리 서면으로 신청해야 하고 때로는 보증인을 세우거나 담보 설정 절차를 거쳐야 한다. 이자는 어떨까? 가장 편리한 카드 대출이 가장 비싼 반면에, 담보를 제공하고 받는 가장 복잡한 대출이 가장 저렴하다. 간단하고 편리한 대출일수록 이자가 비싸다는 사실을 기억하자.

둘째, 꼼꼼하게 비교하고 인터넷을 적극 활용한다

예전에는 조금이라도 유리한 조건의 대출을 찾기 위해서는 직접 돌아다니는 수밖에 없었다. 하지만 정보화 시대를 살고 있는 현재는 발품을 팔 필요가 없다. 인터넷 검색만으로 손쉽게 모든 대출 조건을 비교할 수 있으며, 이를 전문으로 하는 사이트들도 수없이 많다. 또한 인터넷으로 통해 대출을 신청하면 직접 방문해서 신청할 때보다 여러

모로 혜택이 많다. 시간 절감은 물론이거니와 무엇보다 대출이자도 창구에서 신청하는 대출에 비해 저렴한 경우가 많다.

셋째, 대출금리의 조건은 대출 기간과 향후 시장 추이를 감안해서 결정한다

금리가 하락하는 때에는 거기에 맞춰 대출금리도 바로 변동하는 시장금리 연동형이 유리하다. 또한 반대로 금리가 상승하는 때에는 시중 금리가 오르더라도 대출금리에 변동이 없는 고정금리대출이 유리하다.

그리고 일반적으로 고정금리대출이 시장금리 연동형에 비해 이율이 1~2% 정도 높다. 그렇기에 향후 대출이자를 결정짓는 가장 중요한 요소인 금리 조건을 결정할 때는 이러한 금리 조건별 특징과 향후 금리 전망을 두루 감안하여 신중하게 선택하는 것이 좋다.

넷째, 자금 용도에 따라 대출 방법을 달리한다

대출은 사용 방법에 따라 일반대출과 한도대출(마이너스 대출)로 구분할 수 있다. 일반대출은 대출을 한번 상환하고 나면 이를 다시 사용할 수 없다. 다시 사용하려면 처음부터 새로 대출을 신청해서 받아야 하는 불편이 따른다. 대신 상대적으로 금리가 저렴하다는 장점이 있다.

이에 비해서 한도대출은 미리 정해진 대출 한도 내에서는 얼마든지 자유롭게 갚고 쓸 수 있다. 하지만 금리는 일반대출에 비해 조금 더 비싸다는 단점이 있다.

그러므로 이러한 특성을 감안해 고정적으로 필요한 금액은 일반대출로, 상환과 사용을 반복할 금액은 한도대출로 받는 편이 좀 더 효율적이다.

다섯째, 대출금 상환 방법을 꼼꼼히 따져본다

대출금 상환 방법에는 평상시는 이자만 부담하다가 만기에 원금을 한꺼번에 갚는 만기상환 방식과 주기적으로 원리금을 나눠 조금씩 갚아가는 분할상환 방식이 있다. 규칙적인 수입이 있어 주기적으로 대출금을 갚아갈 수 있다면 아무래도 균등분할 방식을 택하는 것이 유리하다.

또한 대출금 중도상환수수료도 감안할 필요가 있다. 보통 대출을 받을 때는 나중을 대비해 대출 기간을 여유 있게 설정하려 하지만 이는 별로 좋은 생각이 아니다. 일반적으로 장기대출이 단기대출에 비해 금리가 높을 뿐 아니라 중간에 돈이 생겨 대출을 갚을 때 중도상환수수료를 물어야 할 수도 있기 때문이다. 자금 계획에 맞춰 상환 방식이나 만기를 정하는 것이 바람직하다.

여섯째, 여유 자금이 생기면 대출금부터 상환한다

일반적으로 예금이율보다는 대출이율이 더 높기 마련이다. 설령 예금이율과 대출이율이 같은 수준이더라도 실제로 따져보면 대출이자는 매월 내야 하는 반면에 예금이자는 만기에 그것도 세금을 떼고 받기 때문에 예금이자보다 대출이자가 더 커질 수밖에 없다. 대출금을 갚기 위해 저축하는 것보다는 여유 자금이 생길 때마다 조금씩 갚아나가는 것이 더 효율적인 재테크 방법이다.

부자들은
멘토와 동행한다

남대문에서 문구 도매상을 하는 M씨(72세)

그가 30대 초반이던 40년 전, 큰돈을 벌 수 있다는 지인들의 말만 믿고 경기도 광명에 33,057㎡(1만 평)의 땅을 매입했다. 그런데 소유권을 이전한 지 6개월도 지나지 않아 개발제한구역으로 묶여버렸다. 밭농사 말고는 아무것도 할 수 없는 땅이 되어버린 것이다.

그는 살아생전 땅을 정리해 자녀들에게 나눠 주고 싶은 생각이 굴뚝같았다. 그래서 여러 전문가를 찾아다니면서 40년 동안 소유해 온 땅을 처분하기 위해 자문을 구하기 시작했다. 대부분의 전문가들은 지금 매도하는 것보다는 좀 더 보유하는 편이 낫다고 조언했다. 그러나 그는 전문가들의 의견을 무시한 채 자신의 직관에 따라 3.3㎡당 50만 원에 팔아버렸다. 처음엔 아픈 이가 빠진 것처럼 홀가분하고 시원했다.

그런데 그가 판 땅이 1년 정도가 지나자 개발제한구역에서 풀려버렸다. 이 지역이 개발될 것이라는 투자 심리 때문에 가격은 10배 넘게 폭등했다. M씨는 그렇게 수백억 대의 알부자가 될 수 있는 기회를 허탈하게 놓쳐버렸다. 그는 지금 수많은 사람들의 조언을 무시한 자신의 선택을 땅을 치며 후회하고 있다. 게다가 요즘은 화병으로 얻은 고혈압 때문에 한 달에 한 번 종합병원에 다니고 있다.

이처럼 진정한 부자가 되지 못하는 사람들에게는 제대로 된 멘토가 없다는 공통점이 있다. 그들은 그 어떤 전문가의 조언보다도 자신의 경험을 최고의 멘토로 생각하는 경향이 강하다. 전문가의 자문을 형식적으로 구할 뿐, 이들의 조언을 받아들여 진심을 다해 실행하려는 의지가 없다.

또한 한 사람의 전문가와 깊이 있게 소통하지 않고 여러 사람의 전문가와 접촉하기 때문에 명확한 판단을 내리지 못한다. 여기에 자신의 생각과 다른 의견에는 동의하지 않으며, 자신의 생각과 일치하는 전문가의 얘기만 받아들인다. 이렇듯 전문가의 자문보다 자신의 인생 경험을 앞세우는 태도는 부자가 되는 길을 방해할 뿐 전혀 도움이 되지 않는다.

부자들은 자신이 진정한 멘토라고 생각하는 전문가의 조언을 경청한다. 이들은 자신의 인생 경험보다 전문가의 의견을 더 신뢰한다. 또한 자신의 생각은 전문가의 조언 앞에 헌신짝처럼 내팽개친다.

또한 이들은 결코 여러 명의 전문가를 좇지 않는다. 속담에 사공이 많으면 배가 산으로 간다고 했다. 한 명의 지혜보다 열 명의 지혜가 힘이 되는 통섭의 시대라지만, 부동산 투자에서만큼은 어설픈 열 명의 전문가보다 제대로 된 전문가 한 명의 조언이 낫다. 여러 전문가에게 조언을 듣는 것은 오히려 역효과를 낼 수도 있다. 투자 멘토는 제대로 된 전문가 한 명이면 충분하다.

꿈속에서조차 명심하라. 당신이 상상조차 할 수 없을 만큼 교활한 사람들이 당신의 돈에 군침을 흘리고 있으며, 합법적으로 가로채갈 방법을 연구하고 있다는 사실을.

평생 조력자가 될 수 있는 단 한 사람의 멘토를 찾아라

바람직한 멘토는 사심이 없어야 하며 그 분야에서 최고의 전문가여야 한다. 이론과 실전을 겸비한 제대로 된 멘토만이 당신이 원하는 평생 든든한 조력자가 되어줄 수 있다. 특히 언론 플레이에 능한 어설픈 전문가는 반드시 경계해야 한다. 부자들은 오늘도 진정한 멘토와 함께 험난한 투자의 길을 동행하고 있다.

부자들은
역발상 투자의 귀재다

역발상 투자로 기록적인 수익을 올린 A씨(51세)

그녀는 살림을 하며 세 자녀를 키우는 평범한 가정주부다. 하지만 친구들 사이에서는 재테크의 귀재로 통한다. 사실 그녀는 역발상 투자가 뭔지도 모르는 가정주부지만 자타가 공인하는 역발상 투자가이기도 하다.

모든 사람들이 아파트 투자에 열광할 때 그녀는 땅에 투자했다. 또한 많은 사람들이 땅에 돈을 쏟아부을 때는 상가에 투자했다. 하지만 그녀는 역발상 투자를 신봉하지도 않으며 이론가는 더더욱 아니다. 단지 시장을 철저히 관찰하면서 역발상 투자의 지혜를 깨달은 것이다.

어떤 상품이든 가격이 떨어졌을 때, 즉 수요자 우위 시장에서 매입

하는 것이 좋은 상품을 가장 싸게 얻을 수 있는 최상의 방법이다. 그녀
는 부동산 투자에 이를 접목시켰다. 그리고 그녀의 생각은 적중했다.

1999년, 당시 부동산 시장은 사람들에게 외면받고 있었다. 그러나
그녀는 미분양된 타워팰리스 1차 아파트(188㎡, 당시 시세 5억 7,000만
원)를 골라서 매입했다. 또한 2002년에는 사람들이 잠실의 재건축 아
파트에만 관심을 기울일 때, 그녀는 오히려 상가 쪽으로 눈을 돌려
재건축 상가를 매입했다. 그리고 2008년, 타워팰리스와 엘스(잠실 1
단지)의 아파트상가를 처분했다. 무려 25억 원 이상의 투자수익을 올
린 성공적인 역발상 투자였다.

이처럼 부자들의 행동과 사고는 분명 범인들과는 다르다. 하지만
정작 그들은 자신이 역발상 투자의 귀재라는 사실조차 모른다. 그런
데 아이러니하게도 행동과 생각은 전형적인 역발상 투자의 길을 따
르고 있다. 그들은 가격이 떨어졌을 때 투자하고, 올라갈 때 처분해
서 수익을 챙긴다.

"위기나 공황이 한창일 때는 정상적인 가치기준이라는 게 없다. 부
동산과 주식 투자 모두 인간의 심리가 깊이 관여하는 심리 게임이다."

캐나다 출신의 전설적인 역발상 투자 전문가인 데이비드 드레먼
(David Dreman)의 말이다. 이처럼 역발상 투자가란 한마디로 많은
사람들이 투자를 꺼릴 때 과감하게 투자하고, 모든 사람들이 투자하

려고 몰려들 때 오히려 서서히 빠져나오는 사람들을 말한다.

즉, 역발상 투자란 대중에 역행하여 시장을 이기는 투자 전략을 말한다. 이러한 역발상 투자의 성공은 투자 심리 게임에서 얼마나 이성적으로 능숙하게 대처하는가에 달려 있다.

아파트 시장에 사람들이 몰려들 때 부자들은 그 근처에도 얼씬거리지 않는다. 또한 부자들은 현장을 중요시하며, 이를 바탕으로 투자 여부를 결정한다. 다른 사람들이 가지 않는 길을 걸으며 성공하는 부동산 투자의 선구자가 되는 것이다. 이들이 곧 부자가 되는 역발상 투자가인 것이다.

이리저리 휩쓸리는 따라쟁이들은 절대 부자가 될 수 없다. 그들은 가격이 떨어질 때 두려움에 사로잡혀 움직이지 않는다. 그러다 가격이 올라갈 때는 '묻지 마 투자'에 나선다. 또한 현장보다는 이론에 사로잡혀 투자를 결정하는 우를 범한다.

1997년, 최악의 IMF가 시작되면서 부동산 가격은 끝도 없이 추락했다. 여기에 설상가상으로 아파트 미분양 사태가 겹치면서 부동산 시장은 붕괴되고 말았다. 보통 사람들은 부동산 투자를 감히 엄두도 못 내던 시기였다. 그들은 그때가 부동산 매수에 최적의 타이밍이라는 사실을 몰랐다.

반면 부동산 고수들은 급매 또는 경매로 쏟아지는 알짜배기 부동산을 헐값에 사들였다. 그리고 2000년 들어서면서부터 부동산 가격이 오르기 시작하자 한 걸음 뒤로 물러서서 매도 시기를 저울질했다. 반면에 부동산 하수들은 그때가 돼서야 비로소 너도 나도 부동산에 투자하기 시작했다. 덕분에 이 당시에 미친 듯이 '묻지 마 투자'가 성행했고, 가격은 곧 국가의 강압적인 조정을 받기 시작했다. 이때 역발상 투자의 진수를 보여준 사람들이 큰 돈을 벌었음을 두말할 필요도 없다.

부동산 하수들은 오히려 시장이 달아올라 가격이 올라갈 때 비이성적인 투자에 나선다. 평소 지극히 합리적으로 생각하고 행동하는 사람들도 집값이 오르면 이성을 잃게 된다.

많은 사람들이 시장이 과열될 때 발 벗고 매입에 나서 상투를 잡아 손해를 본다. 반면 집값이 하락할 때는 좀 더 떨어질 것이라고 생각해 좀처럼 매수에 나서지 않는다. 가격이 떨어질수록 이들은 시장을 외면해 버린다. 그렇게 매수 시점을 놓치고 부자가 될 기회를 놓쳐버리는 것이다.

부자들은 역발상 투자의 귀재다

부자들은 시장이 무서울 정도로 침체되는 상황일수록 질 좋은 사냥감을 찾는다. 집값이 떨어진다고 모두가 몸을 사릴 때도 그들은 과감히 베팅한다. 비록 지금 가격이 떨어지고 있다고 해서 미래에도 절대로 수익을 거둘 수 없을 거라고 섣불리 판단하지도 않는다. 이처럼 부자들은 모두 역발상 투자가들이다. 적어도 내가 만나온 수많은 부자들은 그랬다. 그리고 그들은 항상 시장을 남들과는 반대로 보는 공통점이 있었다.

부자들은
속전속결한다

청량리 경동시장에서 과일 도매상을 하는 R씨(48세)

2009년 봄, 그는 재건축 아파트에 투자하기 위해 동분서주했다. 개포동을 비롯해 여러 곳의 재건축 단지를 돌며 발품을 팔았다. 하지만 물건을 보면 볼수록 더욱 헷갈리기만 했다. 도대체 어디에 투자해야 할지 도무지 판단이 서지 않았다.

그러던 중 부동산에 좀 더 투자해도 당분간은 안전할 거라는 전문가의 조언을 들었다. 그래서 한강변의 재건축 아파트 단지를 투자 대상으로 결정했다. 또한 그가 멘토로 두고 있는 전문가는 재건축 아파트 투자에서 무엇보다 중요한 것은 땅 지분의 크기라고 조언했다. 그는 전문가의 얘기를 정확하게 알아들을 만큼 재건축 투자에 해박한 지식을 가지고 있었다.

그는 전문가의 조언을 긍정적으로 검토했고, 신속히 현장을 방문해 투자가치를 신중하게 따져보았다. 그리고 다음 날 즉시 땅 지분이 제일 큰 재건축 아파트(구반포 105.78㎡)를 골라 매매계약을 마쳤다. 이 모든 과정이 단 3일 만에 속전속결로 이뤄졌다.

매입 후 가격은 상승하기 시작했고, 2개월 만에 2억 5,000만 원까지 올랐다. 주변에는 지난 1년여 동안 아파트 가격이 급락해서 손해 본 사람들이 수두룩했다. 하지만 R씨가 투자한 아파트 가격은 오히려 2억 5,000만 원 정도가 더 올랐다.

가정주부 H씨는 현재 재건축 아파트 투자에 열을 올리고 있다. 부동산 공부도 열심히 한다. 거기다 종잣돈까지 충분히 갖고 있다. 그러나 이렇게 성공적인 투자를 위한 모든 조건이 완벽하게 갖춰져 있지만, 그녀가 재건축 아파트 투자를 실행에 옮기기는 아직도 힘들어 보인다. 그녀도 R씨와 같이 똑같은 지역에 투자하는 것이 좋겠다는 전문가의 자문을 받고 무려 2개월을 신중하게 생각하고 또 생각했다.

고민 끝에 계약을 하려고 결심한 H씨. 그런데 이미 2개월 전보다 무려 2억 5,000만 원이나 오른 상태였다. 2개월 전 가격이 생각나 지금 시세로는 배가 아파서 도저히 계약할 수가 없었다.

내게 자문을 구하러 오는 분들 중 많은 사람들이 이렇게 신중하고 치밀한 전략을 세워놓고도 지나친 신중함 때문에 실행에 옮기지 못해서 나를 찾아온다. 결국 관건은 '스피드'다. 스피드가 떨어지면 좋은 투자 기회를 상실하고 만다. 아무리 탁월한 전략을 세우더라도 신속하게 실행에 옮기지 못하면 결코 성공을 취할 수 없다.

많은 예비 투자자들이 투자를 결정할 때 고민을 너무 많이 한다. 전문가와 충분한 상담을 거친 이후 지금이 타이밍이란 판단이 들면 즉시 행동으로 옮겨야 성공할 수 있다.

몽골제국을 건설한 제왕 칭기즈칸은 전쟁을 할 때 준비 단계에서는 '천천히 천천히'를 강조했다. 하지만 모든 전쟁 준비가 끝나면 적군이 예상하지 못하도록 '빨리빨리'를 외치며 신속하게 공격했다.

세계적인 경영학자로 유명한 톰 피터스(Tom Peters)는 기업 간 경쟁력의 격차는 비전과 전략의 차이보다는 그것을 실현하기 위해 행동하는 실행력의 차이에서 비롯된다고 말했다. 투자에서도 마찬가지다. 위대한 기업의 CEO와 부자들의 공통점은 결코 허둥대거나 머뭇거리는 일이 없다는 것이다. 그들은 눈앞에 놓인 기회를 절대 놓지지 않는다.

부동산 고수는 지금이 타이밍이란 판단이 들면 즉시 행동으로 옮긴다. 그들은 신속하게 결정하고 즉시 실행하는 습관이 몸에 배어 있다. '빠른 놈'이 '느린 놈'을 잡아먹는 정글의 법칙이 고스란히 적용되는 부동산 시장에서 성공할 수밖에 없는 특별한 DNA를 가지고 있는 것이다. 돈이 되는 물건일수록 오래 기다려주지 않는다는 것을 그들은 오랜 경험을 통해 누구보다도 잘 알고 있다.

반면 부동산 하수는 결정을 하고 실행으로 옮기는 데 몇 년씩 걸린다. 또한 결정을 하고 나서도 문제다. 우유부단하고 갈팡질팡하다가 투자 시기를 놓칠 때가 많다. 하수들은 신중함이 필요할 때 빠르게 행동하고 신속해야 할 때 오히려 느리게 행동한다.

하지만 신속하게 실행해야 한다는 강박관념에 사로잡혀 아무 부동산에나 손을 대서는 안 된다. 반드시 돈이 되는 물건을 정확하고 철저하게 따져본 후 투자해야 한다.

신속하게 실행하라

일에서든 투자에서든 빠르고 신속한 사람만이 살아남는다. 아무리 훌륭한 아이디어와 전략이 있어도 스피드에서 뒤지면, 모든 것이 물거품이 되고 말 것이다. 투자 대상을 정하기 전까지는 신중을 기해야겠지만, 일단 대상이 정해지면 빠르게 행동하라. 부동산 투자의 세계에서는 신속한 실행만이 성공을 보장해 준다는 사실을 명심하라.

부자들은
과감하게 버린다

서울대학교 주변의 상가 건물을 상속받은 D씨(46세)

그는 이 상가 건물로 매월 3,000만 원 정도의 임대수익을 얻고 있다. 그런 그가 2007년, 친구들과 함께 경기도 용인에 있는 모델하우스를 둘러보러 갔다가 이른바 '떴다방'의 유혹에 빠지고 말았다.

분양권에 투자해 1~2개월 안에 되팔면 한 채당 1억 5,000만 원 이상의 양도차익을 얻을 수 있다는 달콤한 말만 귀에 들어왔다. 결국 그는 분양권을 세 장이나 구입했다. 그러나 막대한 양도차익은커녕 부동산 시장이 급격히 위축되면서 분양권은 아예 거래 자체가 되지 않았다.

그는 직감적으로 잘못 투자했다는 사실을 깨달았다. 곧장 여러 중개업소를 찾아다니면서 손해를 보더라도 괜찮으니 처분해 달라고 매달렸다. 그렇게 분양 계약 후 6개월이 지나고 나서야 한 채당 5,000만 원씩 손해를 보고 겨우 매도할 수 있었다.

현재 그가 매도한 건물은 2010년 입주 시점을 기준으로 한 채당 1억 3,000만 원 정도 하락한 상태다. 그는 지금도 당시 손해를 보고서라도 처분한 것이 최선의 선택이었다고 믿고 있다.

그는 비록 달콤한 유혹에 휩쓸려 투자했지만, 곧 잘못된 투자인 줄 알고 미련 없이 과감하게 처분한 덕분에 그나마 손실을 줄일 수 있었다.

한편, 그는 손해를 뒤로한 채, 곧바로 잠실에 있는 리센츠 소형 아파트(39.6㎡, 매입가 2억 8,000만 원)를 매입했다. 그가 잠실의 소형 아파트를 사들인 것은 대중교통이 편리한 잠실 지역으로 임대 수요가 급격히 몰리고 있어 투자가치가 충분하다고 판단했기 때문이다.

2011년 3월 현재, 그의 소형 아파트 투자는 대성공으로 나타나고 있다. 매매시세(4억 7,000만 원)를 기준으로 1억 9,000만 원 정도의 자본수익을 올렸을 뿐 아니라 매월 150만 원 정도의 임대수익도 올리고 있다.

이처럼 부동산 고수들은 미래가치가 없다고 판단되면 설령 손해를 보더라도 미련 없이 버린다. 그러나 결코 억울해하거나 후회하지 않는다. 작은 것을 버림으로써 더 큰 손실을 미연에 방지할 수 있기 때문이다.

그러나 부동산 하수는 오래 쥐고 있을수록 손해를 당할 게 뻔한데도 과단성이 없어 신속하게 처분하지 못한다. 돈이 빠져나가는 게 눈에 훤히 보여 그 스트레스 때문에 혈압 약을 먹으면서도 차마 미련을 버릴 줄 모른다. 운이 좋으면 감당할 수 있는 손실에서 끝나겠지만 이런 경우 거의 대부분 큰 손실로 이어진다.

부자들은 시장이 활황일 때건 불황일 때건 투자 다이어트를 잘한다. 부동산 가격은 수요와 공급의 줄다리기에 의해 움직여야 한다. 부족한 공급을 채우는 데만 급급한다거나 반대로 투기 수요를 차단하기 위해 무조건 규제만 강화한다면 시장은 왜곡될 수도 있다.

부동산 정책이 시장경제의 원리에 따라 결정되지 않고 규제 일변도로 흐르면 투자자는 물론이고 실수요자마저도 시장을 관망하거나 외면한다. 이러한 여파가 지속되면 거래는 실종되며, 종국에 개점휴업 상태로 유지될 뿐이다. 지방은 물론이고 수도권을 비롯해 서울의 강북 지역은 물량이 차곡차곡 쌓여 급기야 태산을 이루게 될 것이 분명하다.

서울의 강남 지역이라고 예외는 아니다. 앞으로는 강남 지역도 가격이 떨어지는 곳과 올라가는 곳으로 갈리게 될 것이다. 다시 말하면, 부동산 시장의 침체 또는 활성화 여부와는 관계없이 인기 지역과 비인기 지역으로 나누어질 것이라는 얘기다.

이렇게 시장이 세분화될수록 미래가치가 없는 부동산은 그야말로 애물단지로 전락할 수밖에 없다. 특히 무리하게 대출까지 껴안고 부동산을 산 사람들은 부동산 가격이 하락하면 경제적 고통은 물론 정신적, 육체적 고통까지 받게 된다. 하루라도 빨리 부동산 다이어트를 해야 하는 이유다.

부자들은 계산기를 두들겨보지 않아도 돈이 되는 부동산과 안 되는 부동산을 직감적으로 골라낸다. 그리고 더 많은 손해를 보기 전에 미리 처분한다.

부동산을 많이 소유했다고 해서 좋은 것은 아니다. 미래가치를 판단하여 옥석을 가린 후, 다이어트를 서둘러야 한다. 군사가 많다고 반드시 전쟁에서 이기라는 법은 없다. 이순신 장군은 그 유명한 명량대첩에서 13척의 전함으로 133척의 왜적선을 침몰시키지 않았던가. 부동산 시장에서 보유 물량으로 재미를 보던 시대는 이제 끝났다.

부동산을 여럿 소유하고 있다면, 보유해야 할 것과 처분해야 할 부동산을 판단해 미래가치가 떨어지는 것은 하루라도 빨리 매도하라고 조언하고 싶다.

과감하게 매도해야 하는 부동산은 따로 있다

매도를 시도할 때 최우선적으로 고려해야 할 것이 주거환경을 비롯해 교육 및 교통환경이다. 여기에 편의시설이 부족한 부동산도 처분하는 데 미련을 두지 말아야 한다.

예를 들어 단독주택이나 다세대, 다가구주택은 세월이 흐를수록 건물 수리비도 많이 들어가고 자산가치 또한 떨어질 수 있다. 재개발 가능성이 희박하다면 빨리 처분하는 것이 좋다.

아파트도 가구 수가 적거나(나 홀로 아파트) 재건축에 따른 자산가치 상승이 불투명하다면 계속 보유하기보다는 매도하는 편이 좋다. 오피스텔도 임대수익이 떨어지거나 투자가치가 불투명하다면 즉시 처분하여 손해를 줄여야 한다.

마지막으로 우리나라 사람들이 대단지 아파트를 선호한다는 점을 감안하면 소규모 주택단지들은 투자가치가 하락할 수 있으므로 매도를 고려해 보는 것이 좋다.

과감하게 버려라

부자들은 투자가치가 없는 여러 개의 부동산보다 미래가치가 확실한 하나의 부동산을 선호한다. 미래가치가 불투명한 부동산은 과감하게 처분한다. 부자들은 양보다 질로 승부한다.

즉, 두 개의 굴뚝을 만들기보다는 한 개의 아궁이 불을 꺼트리지 않는 것을 중요하게 생각한다. 혹시 당신도 여러 개의 부동산을 처분하지도 못하고 그저 가격이 오르기만을 기다리고 있지는 않은가? 명심하라, 돈이 되지 않는 부동산은 쓰레기를 버리듯이 과감하게 버려야 한다는 것을.

부자들은
새집 팔고 헌집 산다

청담동에 사는 E씨(54세)

그는 100억 원대의 자산가다. 1988년, 그는 사당동의 허름한 주택(당시 시세 7,000만 원)을 수리해 되팔면서 '초보 부자' 반열에 올랐다. 하지만 처음에 집을 내놓았을 때는 주변의 주택보다 건물이 허름해 수개월이 지나도 도무지 팔릴 기미가 보이지 않았다. 뿐만 아니라 집값만 계속 내려갔다.

그래서 300만 원의 비용을 들여 보일러와 창틀을 바꾸는 등 대대적인 리모델링 공사에 착수했다. 깨끗하게 단장을 마치고 나자 금세 팔려나갔다. 헌집을 새집으로 고친 효과는 생각보다 훨씬 컸다. 당초 그가 예상했던 가격보다 1,500만 원이 더 비싼 8,500만 원에 처분해,

집 수리비를 공제하고도 1,200만 원이나 더 받을 수 있었다.

그렇게 헌집이 돈이 된다는 사실을 깨우친 E씨는 그때부터 헌집만 골라서 매입해 새집으로 만들어 되팔았다. 그가 헌집에 투자할 때는 그만의 원칙이 있었다.

첫째, 건축한 지 20년 이상 된 헌집만 사들였다.

그는 그 동네에서 가장 허름하고 관리가 잘 되지 않는 주택을 주변 시세보다 싸게 매입하는 전략을 구사했다. 물론 아무리 허름한 헌집이라 해도 수리해서 부가가치를 창출할 수 없는 경우에는 절대 투자하지 않았다.

둘째, 반드시 비수기에 매입해 이사철에 매도했다.

비수기에 주택을 매입하면 더 싸게 살 수 있고, 성수기인 이사철에 매도하면 제값을 받고 처분할 수 있었기 때문이다.

셋째, 자금 계획을 철저히 세웠다.

자금을 한 치의 오차 없이 집행했다. 부동산 매입자금을 비롯하여 헌집을 수리하는 데 사용해야 하는 재료비와 인건비 한 푼까지 철저히 계획을 세웠다. 현금 거래를 원칙으로 삼아 비용을 낮추는 것도 잊지 않았다.

마침내 어느 정도 종잣돈을 마련한 그는 강남역 중심부의 뒷골목에 있는 2층 주택(대지 330㎡, 매입가 평당 1,200만 원)을 사들여 3층짜리 상가 건물로 증축했다. 현재 그는 매월 2,500만 원의 임대수익을 올리는 임대사업자로 변신해 있다. 오로지 새집을 팔고 헌집을 사는 데 충실한 결과였다.

헌집을 헌집으로만 보면 부자가 될 수 없다

이처럼 부자는 이미 높은 시세를 형성하고 있는 새집보다 돈이 될 가능성이 보이는 헌집에 주목한다. 헌집을 헌집으로만 보지 않고 그 이상의 미래가치를 꿰뚫어 보는 것이다. 그러나 헌집이라고 해서 무조건 투자하지는 않는다.

꼼꼼한 검토를 거쳐 리모델링을 통해 가치를 올릴 수 있다는 확신이 드는 물건에만 투자한다. 또한 자신만의 철저한 기준을 정해 놓고 기준에 합당한 주택에만 투자한다. 여기에 비용을 한 푼이라도 더 줄이기 위해 모든 비용은 현금으로만 결제한다.

반면 부자가 되지 못한 사람들은 헌집보다는 새집을 더 선호한다. 헌집은 쳐다보지도 않는다. 헌집을 새롭게 수리하면 부가가치가 생긴다는 것은 상상도 못한다.

미래가치가 확실하다면 헌집에 사는 불편함쯤이야 기꺼이 감수하라. 꽃 시장에서는 활짝 핀 장미보다 꽃봉오리 상태의 장미가 더 비싸다. 만개한 장미꽃이 보기에는 우아하고 향기도 좋지만 꽃잎이 떨어질 일만 남아 있다. 즉 미래가치는 없다.

부자가 되고 싶다면 헌집이 왜 돈이 되는지부터 공부하도록 하자. 그리고 왜 부자들은 사람들이 가지 않는 길을 가는지 다시 한 번 곱씹어보자.

제 2 장

부자가 되는
사람들의 평생습관

자신만의
투자 원칙이 있다

자신만의 원칙을 고수하여 눈부신 수익을 올린 E씨(63세)

은퇴 후 평창동에서 사는 E씨는 신촌 중심부에 있는 4층짜리 상가 건물로 매월 2,100만 원 정도의 임대소득을 올리고 있어서 노후 걱정은 없다. 주변에선 그런 그를 두고 "잘난 부모 덕분에 잘사는 거 아니겠냐"라고 말하는 사람들도 있다. 하지만 그는 부모에게 물려받은 자산은 하나도 없었다. 맨땅에서 오로지 혼자 힘으로 자수성가한 부자다.

1975년, 그는 대학을 졸업한 후 대기업에 입사하면서부터 재테크에 눈을 뜨기 시작했다. 재테크란 개념도 없었고, 직장 동료들은 고수익을 찾아 오로지 주식시장만 전전할 때였다. 그렇게 재테크에 무지하던 시절에 그는 첫 월급을 받았다.

그는 최고의 재테크는 주식이라고 믿고 있는 다른 직장 동료들과는 달리 부동산으로 눈을 돌렸다. 경제개발5개년계획의 일환으로 경부고속도로가 개통되면서 강남 지역의 영동 개발이 본격적으로 시작된 시기였다. 땅값은 미친 듯이 상승했지만 주식시장에는 확신이 없었다.

그래서 매달 월급을 받으면 원금이 보전되는 예·적금으로 종잣돈을 모으기 시작했다. 단, 허겁지겁 종잣돈을 불리는 데 주력하기보다는 좀 늦더라도 최소한의 종잣돈이 마련될 때까지는 원금을 착실하게 지키는 방향으로 목표를 잡았다.

처음엔 주식 투자로 자산을 늘리는 동료들의 방법이 빠르고 현명한 방법처럼 보였다. 주식으로 몇 백만 원씩 벌었다는 소문이 들려오면, 이만저만 마음이 흔들리는 게 아니었다. 하지만 그는 입사해서 재테크를 처음 시작할 때 세운 원칙을 지키기 위해 초심을 다잡았다.

주변에서 달콤한 말로 유혹해 올 때마다 아무것도 못 들은 듯 자신의 원칙에 따른 투자 방법을 지켜야 한다고 마음을 다잡았다. 게다가 주식에는 절대로 투자하지 않기로 맹세하지 않았던가. 우선 주식시장에 확신이 없었고, 주식으로 큰돈을 번 사람들보다 종잣돈을 날리는 사람들을 더 많이 보았기 때문이다.

"김 대리가 주식으로 대박이 났다더라" 하는 솔깃한 소문이 들릴 때마다 그는 항상 위의 맹세가 적힌 수첩을 꺼내 보면서 '초심'을 상기하고는 했다. 그리고 다시 처음에 세운 원칙에 따라 거북이처럼 뚜벅뚜벅 자신의 길을 가기로 마음을 다잡았다.

그리고 마침내 입사한 지 7년 만인 30대 중반의 나이에 도곡동 주공아파트(59. 4m²)를 2,500만 원에 마련했다. 반면에 주식으로 재테크를 하던 동료들은 처음에 몇 번은 돈을 좀 모으는 듯 했으나, 대부분 쪽박을 면하는 데 급급했다. 내 집도 그보다 4~5년 정도는 늦게 장만했다.

그 후 정확히 10년이 지난 40대 초반에 또 한 번 아파트(압구정동 신현대아파트 171.6m², 매입가 3억 4,000만 원)에 투자하여 2009년, 25억 원에 매도해 처음 투자 금액의 100배 정도 투자수익을 올렸다. 그리고 은퇴 이후를 대비해 50대 초반에 상가 건물에 투자해 오늘에 이르고 있다.

이처럼 부자가 되는 사람들은 투자에 앞서 현실 불가능한 거창한 목표를 세우는 것은 아니다. 자신만의 아주 평범한 작은 원칙, 그러나 소신 있는 몇 가지 결심들을 한다.

부자들은 대부분 처음에 세운 원칙을 끝까지 고수한다. 결코 한 방에 일확천금을 노리는 허무맹랑한 꿈은 꾸지 않는다. 조금 늦더라도 거북이처럼 한 걸음씩 꿈을 향해 나아간다.

뭔가 거창할 게 있을 것 같지만 내가 많은 부자들을 만나면서 깨달은 점은 그들의 이러한 '원칙'은 지극히 개인적이고 사소한 것들이라는 것이다.

예를 들어 이런 것이다. 종잣돈을 모으기로 결심했다면 종잣돈을 모을 때까지는 무슨 일이 있어도 원금을 까먹을 수도 있는 주식투자는 절대로 하지 않는다.

나는 현실 불가능한 거창한 목표를 세워놓고 재테크를 시작하는 어리석음을 범하는 사람들을 많이 봐왔다. 간절하게 꿈꾸면 언젠가는 이뤄진다고? 하지만 기억하라. 너무 터무니없는 꿈을 꾸면 궤도에서 벗어나기 쉽고, 그러면 현실 상황에 따라 원칙이 수시로 바뀔 수 있다. 그러면 초심을 잃어버리고 결국엔 목표에 도달하지도 못한 채 씁쓸한 패배를 맛보고 끝나버리기 쉽다.

대한민국의 월급쟁이들은 쥐꼬리만한 월급만으로는 절대로 부자가 될 수 없다고 생각한다. 그래서인지 내 집보다 일단 비용이 훨씬 적게 드는 승용차부터 장만하고 본다. 일명 내 집은 없어도 차는 있는 '하우스 푸어족'들이다.

부는 절대 하루아침에 이루어지는 것이 아니다. 부자들이 부를 이루기 위해 얼마나 절제하고, 절약하고, 저축하며 투자하는 장고의 시간을 보냈는지를 아는가?

오래된 지인 가운데 대한민국의 대표 '땅 부자' 한 분이 있다. 그는 1%의 예금금리를 더 받기 위해 애쓰기보다는 1만 원의 지출을 줄이는 데 더 안간힘을 쓴다. 브랜드 커피보다 자판기 커피를 선호하며, 고급 일식보다는 설렁탕을 더 좋아한다. 신용카드는 일체 사용하지 않으며, 모든 생활용품은 재활용해 사용한다. 물론 자가용도 없고 대중교통을 이용하며 한두 정거장쯤은 걸어서 다닌다.

나는 강연을 들으러 온 청중이나 고객들에게 투자 유형을 설명할 때 크게 세 가지로 얘기한다. 주식 투자를 선호하는 공격형, 부동산을 중심으로 투자하는 중립형, 그리고 예금이나 채권에만 투자하는 안정형이다. 그런데 많은 사람들은 막연히 2030 세대는 공격형으로, 4050 세대는 중립형으로, 6070 세대는 안정형으로 재테크를 하는 경향이 있을 것이라고 생각한다.

그러나 신한은행이 2005년 상반기 실수요자와 투자자들의 생각을 알아본 설문조사 결과(2005년 3월 2일부터 8일까지 7일간 이메일을 통해 실시 · 설문 대상은 신한은행과 거래하고 있는 70만 1,000명의 고객이며, 이중 응답자는 9,985명), 오히려 젊은이들이 안정적으로 종잣돈을 마련하고 있는 반면에 6070 세대의 주식 투자 비중이 조금씩 높아지고 있는 것으로 나타났다.

⏺ 3가지 투자 유형

주식 투자를
선호하는 공격형
6070 세대

부동산 투자를
선호하는 중립형
4050 세대

예금이나 채권을
선호하는 안정형
2030 세대

조지 클라슨(George Clason)이 쓴 『바빌론 부자들의 돈 버는 지혜』에 이런 말이 나온다.

"돈을 벌기 위한 첫걸음은 저축을 많이 하거나 부동산에 많이 투자하는 것이 아니다. 오로지 수입보다 지출을 줄여라. 그리고 저축해라. 이것이 당신이 그토록 알고 싶어하던 부자가 되는 단순한 비법이다."

2,500년 전에도, 첨단을 사는 오늘날에도 '부자'가 되고 싶어하는 인간의 욕망은 여전히 사그라들 줄 모른다. 사람들은 부자가 되고 싶은 마음에 열심히 일하고 조금이라도 더 높은 예금 상품에 저축한다. 위험을 조금이라도 줄이기 위해 분산투자와 장기투자를 병행한다. 남의 돈은 절대로 빌리지 않는다. 부동산이나 주식 투자에는 얼씬거리지도 않는다.

하지만 이런 방법들은 모두 틀렸다. 이래가지고서는 부자가 될 확률이 더더욱 낮아질 뿐이다.

시작부터 자신만의 소신과 원칙을 가지고 시작하라

대한민국 부자들 가운데 80% 이상이 부동산으로 부자가 된 사람들이다. 알부자일수록 부동산 투자 비중이 높다. 그런데 아이러니하게도 오늘날의 2030 세대는 오히려 더 보수적인 방법으로 종잣돈을 모은다.

부동산 투자를 단순히 내 집 마련의 수단으로만 생각하면 결코 부자가 될 수 없다. 부동산 투자의 위험을 무서워하는 사람들이 많을수록 과감히 부동산에 베팅하는 사람들이 부자가 될 확률은 그만큼 높아진다.

부동산 IQ를 높인다

대기업에 다니는 A씨(38세)

그가 어렸을 때, 비록 시골 반농이었지만 세상 이치에 밝았던 그의 부모님은 안성에서 농사짓던 땅 85,950㎡을 처분한 돈(6억 5,000만 원)으로 서울 방배동에 빌라를 신축해 큰돈(15억 원)을 벌었다.

그리고 이 돈으로 1995년 신사동의 상가 건물에 투자해 부자의 반열에 올랐다. A씨는 현재 증여받은 상가 건물에서 매월 4,500만 원의 임대수익을 얻고 있으며, 중개업소에 따르면 매매시가가 120억 원이 넘는다고 한다.

그가 위의 두 형들을 제치고 이 알짜배기 상가 건물을 물려받은 데는 분명한 이유가 있다. 그는 경제적 이해득실에 밝은 부모님의 기대에 어긋나지 않게 자랐다. 뿐만 아니라 집안 대소사에 무관심한 형들과는 달리, 그는 결혼 후에도 살가운 딸 노릇을 했다.

하루가 멀다 하고 본가에 드나들며 부모님을 알뜰히도 챙겼다. 그러면서 어깨너머로 부모님이 부동산에 투자해 성공하는 방법을 지켜봤다. 그리고 부동산 IQ를 높이기 위해 부동산 대학원까지 다니면서 공부하며, 자산관리 능력을 부모님께 보여줬다.

늘그막의 부모님은 정 많고 마음 따뜻한 막내가 그저 고맙고 대견했다. 장남이나 차남처럼 집안 대소사에는 관심이 없는 자식보다 부모를 알뜰하게 챙기는 막내에게 마음이 끌렸다. 창업보다 수성이 더 어렵다고 했던가? 그런 이유로 부모들은 위의 두 형들을 제치고 물려준 자산을 잘 지켜낼 수 있는 막내에게 알짜배기 자산을 물려준 것이다.

이처럼 부자가 되고 싶다면 먼저 부동산 IQ를 높여야 한다. 구체적으로 얘기하면, 부모님의 도움을 받으면 좀 더 일찍 부자가 될 수 있다. 직장생활을 하는 젊은이들도 결혼할 때 부모님의 도움 없이는 신혼집을 장만하기조차 어려운 것이 현실이다.

"열 손가락 깨물어 안 아픈 손가락 없다"고 했던가? 하지만 수많은 부자들을 직접 옆에서 지켜본 바에 따르면 부자들이 자식들에게 재산을 똑같이 물려주는 경우는 거의 없었다. 부자들은 장남이나 장녀가 아닌, 물려준 자산을 잘 지켜낼 수 있는 자식에게 한 푼이라도 더 주려고 한다. '나는 장남이니까 동생들보다 당연히 많이 주시겠지' 하고 생각한다면 완벽한 오산이다.

다음으로, 부자가 되기 위해서는 배우자를 잘 만나야 한다. 배우자가 부자여야 한다는 뜻은 결코 아니다. 부자가 되기 위해서는 배우자와 모든 자산관리를 함께 해야 하는데, 재테크 코드가 맞지 않으면 부자가 되기 어렵다는 말이다.

재테크와 관련해 부부가 의견 충돌을 빚으면 부자가 될 확률은 확 줄어든다. 각자의 소득을 따로따로 관리하거나, 배우자 모르게 딴 주머니를 차는 가정은 저축보다 지출이 많아진다. 부자가 되기 위해서는 부부가 한 방향을 보고 자산관리를 함께 해야 한다. 그러면 은퇴를 전후해 부자가 되어 있을 것이다.

부모님한테 받을 것도 없고, 배우자와 코드도 안 맞는 사람은 사회에 첫발을 내딛는 새내기 시절부터 재테크를 시작해야 한다. 아니 더 일찍 시작하면 시작할수록 부자가 될 확률은 높아진다.

일반적으로 20대부터 30대까지는 저축보다는 소비에 집착하는 시기이다. 여기에 '쥐꼬리만한 월급으로 내 집 마련은 할 수 있을까?'라는 의문을 가질 시기이기도 하다. 그리고 공격적인 투자를 하다 종잣돈을 모으기는 커녕 쪽박을 차는 경우가 많다.

개중에는 쥐꼬리만큼 받는 월급으로는 종잣돈 마련은 고사하고 매월 생활비로 쓰기도 모자랄 정도라고 생각하는 사람들도 있다. 이런 생각에 저축을 소홀히 하면 한두 달이 지나고, 1~2년이 흘러도 저축해 모은 돈은 없고 오히려 빚만 늘어나기 쉽다. 그러면 직장생활 5~6년차가 되어 결혼을 하려고 할 때도 결혼 자금은 물론이고 전셋집 구할 돈도 없어 부모님한테 의지하게 될 가능성이 높다. 이처럼 젊은 시절의 소득을 낭비해 버리면, 부자가 되는 길은 멀어질 수밖에 없는 것이다.

『손자병법』에 이르기를 "상황이 아무리 최악이라 해도 절망하지 마라. 모든 것이 두려울 뿐이라 해도 두려워하지 마라. 사방에 위험이 도사리고 있어도 그 무엇도 두려워하지 마라. 자원이 없을 때는 지략에 의지하라"라고 했다.

결코 서두르거나 실망하지도 말고, 어렵고 힘이 들수록 치밀한 전략을 세워 현실에 최선을 다하라는 가르침이다. 적은 월급을 탓하기보다 적은 월급이라도 알뜰하게 저축하는 방법을 궁리하는 편이 현명하다.

종잣돈을 마련하기 위해 힘쓰고 있는 2030 세대에게 가장 중요한 것은 내 집 마련을 위해 저축을 생활화하는 것이다. 또한 주식에 공격적으로 투자하기보다는 예·적금 등 안전한 방법으로 종잣돈을 모으라고 조언하고 싶다.

처음 받는 월급으로 어떻게 첫 단추를 꿰느냐가 중요하다. 새내기 시절부터 자산관리 즉, 내 집 마련에 관심이 없다면 부자가 되는 길은 멀어질 수밖에 없다.

부자가 되는 지름길은 부동산 IQ에 있다

부동산 IQ를 키워라. 어느 날 갑자기 부자가 될 수 있는 것은 아니지만, 부자가 되는 지름길은 반드시 존재한다.

일찍 부자가 되고 싶다면 효도하며 자산관리 능력을 보여줘라. 또한 자산관리를 함께 할 배우자를 잘 만나라. 자산관리에서 배우자와 엇박자가 나면 절대 부자가 될 수 없다.

일찍 재테크를
시작한다

큰 부자가 될 떡잎 Y군(32세)

10여 년 동안 꾸준히 1주일에 평균 2회 정도 강연을 다니다 보니 참 많은 사람들을 만나게 된다. 그런데 요즘 강연회에 오는 사람들의 연령층이 상당히 낮아졌다. 10년 전만 해도 부동산에는 '강남 아줌마' 정도만 관심을 가졌었다. 하지만 요즘은 전문가 못지않은 통찰력과 열정을 지닌 대학생 재테크 고수들을 많이 만나게 된다.

그중에서도 특히 기억에 남는 사람이 있다. 2006년, 한양대 경제 특강에서 만난 Y군이다. 가정형편이 어려운 Y군은 지방에서 태어나 자라다 대학교에 입학하면서 서울로 '유학' 온 학생이었다. 그는 대학 4년 내내 등록금을 장학금으로 조달했다. 그리고 과외 아르바이트로 번 돈으로 생활을 하는 형편에도 청약통장까지 만들어 미래를 준비하는 몸도 정신도 건강한 청년이었다.

이렇게 값진 땀을 흘리며 열심히 산 덕분에 2006년 12월에 누구나 다 알 만한 대기업에 입사했다. 근검절약 재테크가 몸에 밴 그는 첫 월급도 허투루 쓰지 않았다. 방값과 최저 생활비 정도만 남기고 월급의 70%를 내 집 마련을 위해 들어둔 청약통장에 저축했다.

그리고 마침내 2010년 7월, 흑석동 흑석 6구역 센트레빌(59.95㎡, 분양가 4억 5,080만 원)에 당첨되었다. 일단 부족한 자금 2억 6,000만 원은 대출을 받고, 2012년에 입주할 때까지 잔금을 다 치를 계획이다. 이로써 직장 생활을 한 지 겨우 4년 만에, 그것도 온전히 혼자 힘으로 내 집을 마련한 동시에 신혼집까지 해결한 셈이다.

그런 Y군한테 며칠 전 전화가 왔다. 그는 상황을 대략 설명한 후 본인의 선택에 대한 자문을 구했다. 만약 그가 대학 시절부터 성실하게 청약저축을 준비해 오지 않았다면, 32살이라는 많지 않은 나이에 내 집 마련을 할 수 없었을 것이다. 아직은 내로라한 부자가 된 것은 아니지만 내가 보기에는 분명 큰 부자가 될 떡잎이다.

이처럼 부자가 되는 사람들은 주변 사람들보다 일찍 재테크를 시작한다는 공통점이 있다. 그들은 "경제 사정이 힘들다", "어렵다"는 '핑계'를 대지 않는다.

반면 부자가 되지 못하는 사람들을 보면 보통 자신이 속한 무리 중에서 가장 늦게 재테크에 관심을 기울이는 경향이 있다. 대학생 때는 학생이 무슨 돈이 있냐며 스스로 '위안' 한다. 결혼하고 나서는 자식들 가르치고 건사하고 먹고살기도 힘들어 재테크는 엄두도 못 낸다는 '핑계'를 댄다. 이들은 여유가 좀 생겨도 미래를 위해 준비하지 않는다.

청약통장으로 내 집 장만 꿈을 이룬 L씨(39세)

초고속으로 승진한 서울시 공무원 L씨는 상사와 동료들의 신임을 온몸에 받고 있다. 하지만 주변의 시기와 질투 등은 전혀 없다. 그가 업무 능력에다 성격, 품행까지 골고루 갖춘 인재라는 칭찬이 자자하기 때문이다. 그런 그에게 요새 삶의 기쁨이 하나 더 늘었다.

2003년, 서울 동시분양에서 잠실의 레이크팰리스(85.8㎡)에 당첨된 것이다. 처음에는 당첨된 사실이 전혀 실감나지 않았다. 차분하게 분양계약을 마치고 나서야 드디어 내 집이 생겼다는 기쁨이 밀려들었다. 2011년 3월 현재 집값이 2억 5000만 원 정도 올랐다. 첫 월급을 받은 순간부터 5년 동안 월급의 50% 이상을 청약통장에 쏟아부으며 관리해 온 덕분이었다.

이처럼 부자가 되는 사람들은 보통 주변 사람들보다 5년은 일찍 재테크를 시작한다. 그들은 일찍부터 청약통장을 만들며, 재테크에 관심을 기울인다.

동서고금을 막론하고 부자가 되기 위해 풀어야 할 첫 번째 숙제는 '내 집' 마련이다. 그리고 '내 집' 마련의 시작은 청약통장을 만드는 일이다.

2010년 9월 현재 대한민국에서 청약통장으로 재테크를 하고 있는 사람은 약 998만 명 정도다. 이렇게 청약통장이 인기를 끌고 있는 이유는 미성년자도 가입할 수 있기 때문이다. 여기에 다른 적립식 예금보다 1% 정도 금리를 더 주기 때문이기도 하다. 게다가 무주택 세대주는 최고 48만 원까지 소득공제도 받을 수 있다. 청약통장을 재테크의 '황제통장'이라고 부르는 것도 과언이 아니다.

그러나 많은 사람들이 청약통장을 장롱 속에 묻어 두기만 한다. 청약을 해봤자 당첨되지 않을 것이라는 편견 때문이다. 그렇다고 로또만큼 당첨되기 어려운 것은 절대 아니다. 비록 낙타가 바늘 구멍에 들어가는 것만큼 힘든 게 청약주택 당첨이라고 느낄지 모르지만 그래도 부자가 되기 위해 끼워야 할 첫 단추임은 분명하다. 대한민국에서 부자가 되기 위해 풀어야 할 첫 번째 숙제는 바로 '내 집' 마련이며, 청약통장에 가입하는 것이야말로 내 집 마련의 지름길임을 명심하자.

그러나 "청약통장을 만들어봤자 무용지물이지 않으냐?"라고 반문하는 사람들도 많을 것이다. 사실 내 주변에도 청약 주택에 당첨된 사람보다 청약통장을 10년 넘게 가지고 있지만 한 번도 사용해 보지 못했다는 사람들이 훨씬 많다. 게다가 태산처럼 쌓여 있는 미분양 아파트 때문에 청약통장 무용론을 주장하는 '서민 논평객'들이 점점 많아지고 있는 실정이다.

하지만 이는 부자가 되지 못한 사람들의 변명에 불과하다. 이들은 청약에 나서보기도 전에 당첨되지 않을 것이라고 생각한다. 그래서 청약을 실제로는 실행에 옮기지 못하는 사람들이다. 심지어는 청약통장에 가입할 때만 관심을 가질 뿐, 가입 후에는 무관심으로 일관하는 사람들도 많다.

청약통장은 잘만 사용하면 그 어느 것보다 효과가 좋은 '재테크 보약'이다. 청약을 할 때는 우선 아파트 분양가에 거품이 끼어 있는지부터 확인해야 한다. 보금자리주택 등이 공급되면서 분양가는 적정 수준으로 조정될 것으로 보이지만, 분양가 추이를 확인하면서 청약해야 한다.

또한 청약에만 눈이 어두워 미래가치가 없는 아파트에 무작정 투자하는 것도 지양해야 한다. 그리고 당첨에 대비해 계약금부터 잔금까지 자금 계획을 전략적으로 세워두는 것도 잊지 말자. 10년째 서랍에만 묵혀둔 청약통장이 애물단지로 보일지도 모른다. 하지만 집을 장만한 후에야 그 진가를 확인할 수 있는 것이 청약통장이다.

부자들의 '재테크 떡잎' 정신만큼은 반드시 본받자

나는 당장 '청약통장부터 만들라'는 식의 재테크의 뻔한 기본 수칙을 말하려는 것이 아니다. 어려운 환경에서도 부자가 되고 싶다는 꿈을 키우며 현실로 이뤄낸 이들의 부자 마인드를 말하고자 하는 것이다.

청약통장을 가입해 차곡차곡 종잣돈을 만들며 내 집 마련의 꿈을 키워가는 사람들은 분명 남들보다 일찍 부자의 길에 들어설 수 있을 것이라는 뜻이다. 청약통장을 이용해 내 집을 마련하고, 그 집을 부자로 도약할 디딤돌로 삼을 수 있기 때문이다.

청약통장을 단순히 주택을 청약할 수 있는 통장으로만 간주해서는 곤란하다. 청약통장에는 부자가 되고 싶다는 꿈도 함께 적립해야 한다. 묵묵히 불평하지 않고 청약통장에 꿈을 적립하는 사람은 분명 부자가 될 떡잎이다.

신혼 3년,
지독하다

증권회사에 다니는 K씨(32세)

그의 연 수입은 5,400만 원이며, 초등학교 교사인 아내 M씨(29세)의 연 수입은 2,700만 원이다.

그들은 대한민국의 평균 중산층 가정이지만 내가 알고 있는 사람들 중 최고의 열혈 맞벌이 부부다. 그들 부부에겐 신혼 때부터 확고한 목표가 있었다. 결혼 5년 안에 기필코 집 장만을 하는 것이었다. 결혼 3년째에 이들 부부는 남은 2년 동안 더욱 치열하고 계획적으로 종잣돈을 모으기 위해 세 가지 실천 방침을 세운 후 즉시 실행에 옮겼다.

첫째, 신용카드를 사용하지 말자!

K씨 부부는 갖고 있던 신용카드를 전부 가위로 잘라버리고 오직 현금으로만 생활했다. 그리고 연말정산에 대비해 단돈 천 원을 쓰더라도 꼭 현금영수증을 챙겼다. 현금을 사용한 뒤로 지출을 신용카드를 사용했을 때보다 최대 월 100만 원까지 줄일 수 있었다.

둘째, 외식 절대 금지!

특별한 가족 모임이나 가족 행사가 아니면 외식은 절대로 하지 않기로 결심했다. 맞벌이를 하면 외벌이보다 아무래도 외식하는 횟수가 많아질 수밖에 없다. 하지만 몸이 조금 힘들더라도 아침, 저녁은 반드시 집에서 해결했다.

전에는 한 달에 최소 3번은 외식을 하곤 했는데 외식을 끊으니 한 달에 최소 20만 원 이상 지출을 줄일 수 있었다.

셋째, 자동차 처분!

대중교통을 이용하니 차량 유지비로 들어가는 많은 지출을 줄일 수 있었다. 보통 기름값만으로 한 달에 30만 원이 나왔었다.

사실 사소해 보이지만 실행하기는 엄청나게 힘든 이 '가계 혁신'법을 실행하기에 앞서 부부는 걱정이 이만저만이 아니었다. 정말 2년 동안을 이렇게 살 수 있을까 걱정이 태산이었다.

그런데 신용카드를 없애고, 외식을 끊고, 자동차까지 처분한 경제적 효과는 엄청났다. 사실 실행 후 6개월까지는 종잣돈이 모아지고 있다는 실감이 나지 않았다.

하지만 1년이 지나고 2년차 결산을 하면서 부부는 정말 깜짝 놀라고 말았다. 연소득의 70%를 저축하고 있었고, 2년 만에 1억 1,200만 원의 종잣돈을 모았기 때문이다. 2년 동안 1원 한 푼도 빠트리지 않고 가계부를 쓰며, 지출을 철저히 점검했다. 결과는 엄청났다. 월평균 지출을 380만 원에서 205만 원까지 무려 175만 원을 줄인 것이다. 그들 부부는 절약한 생활비를 내 집 마련을 위해 고스란히 저축했다.

✆ 180만원 줄이는 신혼부부의 가계부

(단위 : 만 원)

항 목	실행 전		실행 후	
	수입	지출	수입	지출
월소득(부부 합산)	675		675	
자동차 기름값		30		0
자동차보험료		10		0
외식비		15		0
경조사비		10		10
식료품비(카드 O / X)		60		50
품위유지비(카드 O / X)		250		130
교통비(카드 O / X)		5		10
문화비(카드 O / X)		10		5
지출 합계		380		205
저축(저축성 보험 포함)		295		470
합 계	0	675	0	675

2005년, 마침내 이들 부부는 서초동 신동아 아파트(82㎡)를 4억 2,000만 원에 장만했다. 살고 있던 집의 전셋돈(2억 원)을 빼서 보태고, 부인인 A씨 앞으로 대출(1억 4,000만 원)을 받았다. 1978년에 지어진 오래된 아파트였지만, 재건축 후에는 분명 값이 오를 것이었다.

그리고 2011년 현재, 아직 재건축은 안 됐지만 6억 1,000만 원 정도의 시세를 형성하고 있다. 그동안 부부 특유의 '자린고비 정신'으로 대출금은 전부 상환했고, 무려 1억 9,000만 원 정도의 시세차익을 보고 있다. 이들 부부는 그야말로 기화(奇貨)를 골랐던 것이다.

이처럼 부자들은 신혼조차 남다르다. 신혼의 단꿈에 젖기보다는 첫날밤부터 재테크 마인드와 실행력으로 지독하게 무장한다. 시작부터 허리띠를 심하리만큼 졸라맨다. 그들의 신혼 기간에서 낭비 요소가 있는 생활습관은 찾아볼 수도 없다.

부자가 될 성싶은 떡잎들은 이미 알고 있다. 신혼 3년의 단꿈을 포기하면 남은 30년이 풍족해진다는 사실을. 그들은 가계부를 신주 모시듯 하며, 한 푼이라도 허투루 새나가는 것을 절대 용납하지 않는다.

그러나 재테크 하수는 '신용카드 생활자'의 삶에서 벗어나지 못한다. 신혼 생활의 낭만을 위해서는 주말에 한두 번은 외식을 해야 한다고 생각한다. 현대인의 생활필수품이라고 생각하고 주말 나들이를 위해 더 좋은 것으로 업그레이드해야 한다고 생각한다. 그리고 결정적으로 가계부와 친하지 않다.

돈 없고 밥 없어도 쳐다만 보고 있어도 배부를 것만 같던 열렬한 연애 시절을 거쳐 도달한 신혼. 그 신혼의 시작엔 누구나 달콤한 환상에 빠지게 마련이다. 평생 부부싸움도 하지 않을 것만 같다. 그런데 그 환상은 돈 때문에 깨지기 시작한다. 신혼 시절을 편안하고 느슨하게 보낸다면, 깨어진 환상은 더 빨리 그리고 어마어마한 강도로 신혼 이후의 삶을 집어삼키고 말 것이다.

신혼의 단꿈에서 일찍 깨어날수록 내 집 장만은 빨라진다

부디 신혼 시절부터 폼 잡지 말 것을 당부한다. 부자들은 신혼 시절부터 절제된 생활로 종잣돈을 마련하는 데 최선을 다한다. 자린고비처럼 보일지 몰라도 부자가 되기 위해 혹독하게 노력하며 인내하는 것을 마다하지 않는다. 다른 사람들에게 잘 보이기 위한 쓸데없는 치장은 하지 않는다. 오로지 부자가 되기 위한 초석을 마련한다는 신념으로 독기를 품으며 내 집 마련에 최선을 다한다. 또한 미래를 위한 준비를 병행하며, 재테크에 도움이 되는 투자는 머뭇거리지 않고 과감하게 실행한다. 다른 사람에게 잘 보이기 위한 치장을 하지 말고, 독하게 사는 법부터 실천해라.

특히 샐러리맨들은 신혼 시절에 독하게 살지 않으면 절대로 부자가 될 수 없다. 남의 시선을 의식해서는 안 된다. 편안함을 찾지 말고 불편함을 감수할 수 있도록 부부가 서로 독려해야 한다. 독하게 살수록 부자가 되는 길에 가까워질 것이다.

신혼집 장만부터
남다르다

2004년 11월, 결혼을 앞둔 L씨(33세)

그는 퇴계로에서 5년째 동물병원을 운영해 결혼 자금으로 2억 2,000만 원을 마련했지만, 신혼집을 장만하기에는 좀 부족했다. 하지만 신혼집 마련에만 급급하기보다는 부자가 되기 위한 재테크 원칙에 충실하기로 했다.

그래서 당장의 편안함보다는 미래의 투자가치를 가장 먼저 고려했다. 양가 부모님들은 처갓집 주변을 강력히 추천했지만, 단순히 본가 또는 처갓집 주변을 선택하거나 출퇴근만을 고려해 직장 근처에 신혼집을 마련하지는 않기로 했다.

물론 투자가치가 확실하다면 본가나 처갓집 또는 직장 근처를 마다할 이유는 없었다. 여기에 자금 계획도 중요했다. 무리하게 대출금을 받아 집을 장만하는 것은 피하기로 했다. 그리고 집 장만을 하기 전이었지만, 세금을 감안하고도 1억 원 이상 시세차익을 남기면 처분하고 갈아탈 계획을 세웠다.

계획이 아무리 완벽해도 제대로 실행하지 못하면 결코 부자가 될 수 없다. 그는 그 사실을 너무나 잘 알고 있었다. 그래서 부자가 되기 위한 3단계 실행 목표도 정해 두었다.

1단계, 단순한 신혼집이 아닌 재테크를 위한 신혼집을 장만한다.

2단계, 재테크의 목적이 달성되면 반드시 처분해 수익을 실현한다.

3단계, 한두 번의 성공에 만족하지 않고, 또 다른 투자를 위해 초심으로 돌아간다.

그는 3단계 실행 목표에 충실해서 우선 신혼집으로 오금동 상아 1차 아파트(85㎡)를 3억 1,000만 원에 매입했다. 그 뒤 2008년 1월, 1억 6,000만 원의 시세차익을 보고 과감하게 처분했다. 그리고 그 돈으로 잠원동 한신 2차 아파트(72㎡)를 5억 6,000만 원에 매입했다. 양도세와 비과세 혜택도 꼼꼼하게 챙겼다.

2011년 2월 현재, 많은 지역의 아파트 가격이 떨어졌지만 그가 갈아탄 아파트는 2억 5,000만 원 이상 가격이 오른 상태다. 재건축 이후에는 가치가 더 상승할 것 같아 당분간 매도할 생각은 없다.

이처럼 부자가 되는 사람들은 첫 출발인 신혼집을 장만할 때부터 자신에게 맞는 재테크 원칙을 세우고 그 원칙에 따라 집을 고른다. L씨 역시 감성에 치우치지도 않고 부모님들의 강력한 조언에도 흔들리지 않고 오로지 재테크 측면만 충실히 고려하여 집을 장만했다.

그러나 보통 사람들은 신혼 시절에 허둥대기 일쑤다. 구체적인 계획도 없이 주변 사람들의 조언에 의존하며, 이성적인 판단보다는 감성적인 느낌에 치우쳐 신혼집을 고른다. 그들은 재테크보다는 신혼 분위기에 맞는 주택을 더 선호한다.

비단 재테크만이 아니라 어떤 일을 계획하든 반드시 마지막 결과를 생각해야 한다. 당장의 편안함과 안락함만을 추구한다면 미래에 더 많은 것을 잃게될 수도 있다. 신혼집을 매입하기 전에 미래가치가 있는지 꼭 따져봐야 한다.

결혼을 앞둔 예비 신혼부부들은 신혼집을 장만할 때 매우 혼란스러워한다. 집을 사야 하는지 아니면, 전셋집에 살아야 하는지 판단이 잘 서질 않는다. 신혼부부들이야말로 진정한 실수요자지만 투자 목적도 고려할 수밖에 없기 때문이다.

나는 신혼 때 2년 정도는 전셋집에 사는 것도 괜찮다고 생각한다. 하지만 전셋집에 오래 살면 살수록 부자와는 거리가 멀어진다는 사실을 기억했으면 한다. 부자가 되기 위한 재테크의 첫걸음은 집 장만이라는 사실을 명심하자.

결혼을 앞둔 신혼부부들은 분위기 있고 아늑하고 예쁜 집보다는 재테크의 디딤돌이 될 수 있는 집을 마련해야 한다. 신혼집으로 대박을 꿈꾸라는 것이 아니라 일정 규모의 수익 목표를 정해두고 투자가치가 있는 주택을 골라야 한다는 뜻이다. 종잣돈이 넉넉하지 않으면서 무리하게 서울의 강남 지역만 고집할 필요는 없다. 또 서울이 아니면 안 된다는 고집은 버려야 한다. 신혼집을 마련할 때는 수도권 지역이라도 미래가치가 보이는 유망 지역을 선택하는 것이 좋다.

편안함과 분위기 말고 미래가치부터 따져라

부자가 되는 사람들은 신혼집을 고를 때도 철저하게 미래가치만을 잣대로 삼는다. 처음부터 재테크의 원칙을 세워 실행하기 때문에, 어떠한 상황에서도 허둥대는 일이 없다. 설령 전셋집을 얻어 신혼 생활을 시작했더라도 하루빨리 전셋집에서 벗어나려고 부단히 노력한다.

또한 부자들은 신혼집을 자신의 경제 사정에 맞게 고르지만, 때가되면 더 높은 수익을 위해 신혼집을 기꺼이 재물로 받친다. 다시 말해 신혼집에 만족하지 않고, 재테크를 위한 디딤돌로 삼는다는 얘기다. 단순히 편안함만을 이유로 신혼집에 쭉 눌러살지 않는다. 목표로한 기대수익을 실현한 다음에는 과감하게 처분해 갈아탄다.

미리 은퇴 이후를
준비한다

분당에서 내과를 하는 K원장(48세)

1996년 결혼 당시 신혼집으로 장만한 돈암동의 한신아파트는 가격이 도통 오를 기미가 보이지 않았다. 고민 끝에 손해를 보고라도 매도하기로 결심했다. 우여곡절 끝에 배우자를 설득해 1999년 3월에 대치동의 우성아파트로 갈아탔다.

사실 부동산 투자에 대해선 아무것도 모른 채 대치동의 아파트로 갈아탔지만, 교육환경이 다른 지역보다 훨씬 좋다는 것만은 알았다. 분명 교육환경 때문에 집값도 상승할 것이라는 예감이 들었다. 그의 예상대로 대치동 주변의 아파트는 1년 뒤부터 가격이 서서히 오르기 시작했다.

그러나 은퇴 이후를 생각하면 여기서 만족할 수 없었다. 부족한 지식은 백화점 문화센터의 부동산 수업과 유명 강사들의 강연을 들으며 채웠고 부동산 관련 서적을 족히 50여 권은 읽었다. 그리고 부동산 관련 인터넷 동호회에 가입해서 많은 사람들과 활발히 정보를 교류했다.

그 결과, 지금까지의 경제적인 현실을 고려해 보면 우리나라에서는 금융자산보다는 부동산에 투자했던 사람들이 더 큰 부자가 되었다는 사실을 새삼 깨닫게 되었다.

2002년, 전국이 월드컵 열기로 뜨거울 때조차 그는 그 열기를 뒤로한 채 경기도 광주에 있는 땅(임야 4,628㎡)을 매입하는 데 몰두했다. 2009년 2월, 드디어 1억 500만 원(3.3㎡당 7만 5,000원)을 투자한 후 무려 7년간 묻어두었던 땅을 사겠다는 사람이 나타났다. 아파트를 짓는 데 이 땅이 꼭 필요하다며 18억 2,000만 원(3.3㎡당 130만 원)에 매도 제의를 해왔다. 그는 고민하지 않고 즉시 매도했다. 그 결과 무려 17배의 투자수익을 올렸다. 꿈에서조차 상상하지 못한 큰 수익이었다.

부동산 투자에 자신감이 생긴 그는 임야를 매도한 자금으로 신사동에 있는 4층짜리 상가 건물을 매입했다. 그가 매월 임대수익이 나오는 상가 건물에 투자한 것은 두 마리 토끼를 잡기 위해서였다. 바로 자본수익으로 튼튼한 부자가 되고, 임대수익으로 은퇴 이후를 대비하기 위해서였다. 기존의 임차인을 명도하고 새로운 임차인을 구하는 과정에서 다소 어려움도 겪었지만, 지금은 매월 2,000만 원 정도의 고정적인 임대수익을 챙기고 있다. 그는 앞으로도 은퇴 이후를 대비해 부동산으로 자산을 더 불릴 생각이다.

이처럼 부자들은 은퇴 이후를 수익형 부동산으로 대비하는 경향이 강하다. 실제로 한 조사에 따르면 은퇴자 5명 중 4명은 부동산으로 은퇴를 준비한다고 한다. 대한민국 1% 부자들의 돈 버는 비결, 돈을 지키는 비결, 돈으로 돈을 버는 비결은 부동산 투자라고 해도 과언이 아니다.

그들은 부동산 시장을 철저히 공부하며, 미래에 가치가 상승할 것이라는 확신이 서면 공격적으로 투자한다. 또한 실패를 되풀이하지 않기 위해 공부하며, 항상 시장을 주시한다. 그리고 한 번의 성공에 만족하지 않고 또 다른 투자에 도전한다. 그러나 부자가 되지 못한 사람들은 한 번의 성공에 만족할 뿐이며, 은퇴 이후를 준비하지 않는다. 또한 실패할지도 모른다는 두려움 때문에 투자를 망설인다.

베이비부머, 즉 40~50대들은 은퇴 이후를 준비해야 하는 세대다. 내 집 마련에 성공해 본 4050 세대는 대체로 또 다른 투자에 나서 실패해 본 경험도 있으며, 부동산 투자에 가장 적극적인 세대이기도 하다. 확실한 철학을 바탕으로 도전 목표를 세우고 부동산 투자에서 성공한 투자자들이 많은 세대다. 반면 욕심이 과해 유혹에 걸려들고, 때론 목표 의식마저도 망각해 실패하는 투자자들이 많은 세대이기도 하다.

부동산으로 은퇴 이후를 대비하라

미래에셋 퇴직연금연구소가 서울과 수도권의 55세 이상 은퇴자 500명을 대상으로 실시한 여론조사 결과, 주된 자산이 부동산이라고 답한 응답자가 76%를 차지했다. 예금과 적금 또는 퇴직금과 퇴직연금이라고 답한 응답자는 각각 6.8%, 6.0%에 그쳤다.

위의 결과처럼 우리나라 은퇴자 가운데 3분의 2 이상이 주된 은퇴자산으로 부동산을 꼽고 있다. 또한 은퇴자 대부분이 다시 은퇴를 준비하게 되더라도 부동산을 이용해 은퇴 자산을 축적하겠다고 답했고, 은퇴 전 소득수준이 높을수록 은퇴 자산의 부동산 집중도가 높았다. 삼성생명은퇴연구소가 서울과 수도권·광역시에 사는 2,000가구를 대상으로 실시한 설문조사에서도 선호하는 노후 준비 방법으로 임대용 부동산(35.2%)을 꼽은 이들이 가장 많았다.

이처럼 부자들은 은퇴 이후를 대비하는 자산으로 유독 부동산을 선호한다. 금융자산은 인플레이션에 따라 이자소득이 실질적으로 감소

하기 때문이다. 또한 자산을 자녀들에게 증여 또는 상속해 줄 경우 금
융자산보다는 부동산으로 물려주는 것이 절세에 유리하기 때문이다.

기본 자산을
늘린다

잠실에 사는 H씨(51세)

중소기업 임원으로 재직하던 2002년 5월, 그는 잠실 주공 3단지의 재건축 아파트(56.2m², 매입가 3억 8,000만 원)를 매입했다. 당시 그는 초·중·고등학생의 세 자녀를 키우는 평범한 40대 가장이었다. 그런데 세 자녀를 키우기에는 살고 있던 아파트(34평형)가 좀 비좁아 40평대로 넓혀 가지 않으면 안 되는 상황이었다.

아파트를 넓혀 가기 위해 동네방네 알아봤지만, 33.5m²(10평) 정도를 넓혀 가려면 최소한 5,000만 원 정도가 더 필요했다. 그렇지만 빠듯한 월급에 아이들 교육비를 감안하면 대출을 받는 것은 무리였다. 부족한 돈(연 소득 6,500만 원) 탓을 할 수밖에 없는 상황이었다.

그래서 당장 132.23m²(40평대)으로 갈아타기보다는 재건축 예정 아파트를 매입해 한 박자 쉬며, 넓혀 가는 방법을 선택했다. 아이들에게도 몇 년만 불편하게 살자고 이해를 구했다. 가장으로서 탁월한 리더십을 발휘한 것이다. 곧바로 아파트를 처분해 재건축 아파트를 매입하고, 불편함을 감수하며 당분간 전셋집(빌라)에 살았다.

지성이면 감천이라고 했던가. 5년 3개월을 기다린 끝에 드디어 재건축을 통해 변신한 트리지움 142.14m²(43평)으로 2007년 8월에 입주했다. 이제는 대학생이 된 첫째와 둘째, 고등학생이 된 막내가 각자의 방이 생겼다고 기뻐하는 모습을 보니 투자수익 그 이상을 얻은 것 같아 행복했다.

2011년 2월, 현재 매매시세는 13억 1,000만 원 정도다. 재건축이 지연되어 전셋집을 두 번이나 옮겨 다녀야 했지만 지금 생각해 보면 너무나 잘한 결정이었다.

이처럼 부자가 되는 사람들은 40대에 132.23m²(40평) 아파트로 넓혀 간다. 이는 무조건 집을 넓혀 가야 부자가 될 수 있다는 의미는 아니다. 현실에 안주하기보다 더 높은 목표를 향하여 뛰어야 부자가 될 수 있다는 상징적인 의미다. 부자들은 실수요 목적의 아파트까지도 66.11m²(20평)에서 99.17m²(30평)로 또다시 132.23m²(40평)로 넓히면서, 자산을 늘려 부자가 되는 토대를 만든다.

이렇게 현실에 안주하지 않고 이를 벗어나려고 하는 고육지책에서 성공의 싹이 돋는 것이다. 혼자만의 힘으로 부자가 되기는 힘들다. 때론 가족 구성원 모두의 힘찬 응원과 협력이 필요하다. 그러려면 가장의 리더십이 필요하다.

　그러나 40대가 되어서도 132.23m²(40평형) 아파트는 엄두도 못 내는 사람들이 많다. 이런 사람들은 대체로 현실 탓만 하며 현실에 안주하며, 배우자는 물론이고 가족 구성원들의 목소리를 하나로 합치지도 못한다. 부자가 되지 못한 사람들은 '하는 일이 바빠서', '돈이 부족해서', '직장 때문에' 등등 수없이 많은 핑계를 댄다. 그러나 모든 것에 전부 만족해 가면서 부자가 되긴 힘들다. 두세 개를 얻으면 반드시 하나 정도는 포기해야 한다. 부자가 되고 싶다면 어느 정도의 불편함은 감수해야 한다.

　흔히 40세를 불혹(不惑)의 나이라 한다. '불혹'이란 『논어』 「위정편」에 나오는 말로서, 이는 공자가 "40세부터 모든 것에 미혹(迷惑)되지 않았다"라고 한 데서 유래한다. 40세가 되면 모든 세상일을 흔들림 없이 정확하게 판단할 수 있다는 말이다.

　하지만 대한민국의 40대는 자기 자신뿐만 아니라 배우자나 자녀들에게도 무한 책임을 져야 한다. 배불리 먹이고, 춥지 않게 입히고, 따뜻하고 쾌적한 생활을 할 수 있게 주택을 마련해야 하는 것이다.

　그러다 보니 공자가 말한 '그 어떤 것에도 흔들리지 않을' 40대가 되기란 불가능한 일처럼 보인다. 대한민국에서 40대의 삶이란 돈에 쫓기는 일상이 된 지 오래다. 무엇을 하려고 해도 항상 넉넉하지 못한 그놈의 종잣돈이 문제다. 아파트를 좀 넓혀 가려 해도 집값이 올라가면 돈이 부족해서 못 사고, 집값이 떨어지면 더 떨어질까 봐 걱정되어 못 산다.

30대의 꿈이 생애 첫 내 집 마련이라면, 아파트 평수를 넓혀 가는 것은 40대의 소망일 것이다. 이러한 소망은 전략을 어떻게 세우느냐에 따라 현실이 될 수도 허망한 꿈이 될 수도 있다. 전략은 현실적으로, 현재 자신의 상황에 맞게 세워야 한다. 대출금을 상환하기도 힘든 형편에서 무리하게 대출금을 끼고 이사 가는 것은 바람직하지 않다.

카르타고의 한니발 장군은 로마제국으로 원정을 떠날 때 지중해를 건너지 않고 병사들에게 이해를 구한 후 알프스를 넘었다. 그리고 이탈리아반도 전역을 유린해 승리를 거뒀다. 원정을 떠나 벌이는 힘겨운 전쟁이었지만, 융통성을 가지고 여러 가지 위험에 대비해 혼란을 줄인 것이 승리의 결정적인 요인이 되었다. H씨도 돈이 부족하다고 포기하지 않고 여러 가지 전략을 고민했다. 재건축을 통해 우회해서 가는 방법이었지만, 확신이 있었다. 또 가족들의 혼란을 방지하기 위해 사전에 불편함을 견뎌내자는 이해도 구했다. 그 덕분에 배우자와 아이들의 전폭적인 지지를 받으며 아파트 넓혀 가기에 성공할 수 있었다.

4050 세대여, 주저하지 말고 132.23m²로 갈아타라

부동산 시장은 항상 변한다. 이렇게 급변하는 시장은 우리에게 투자의 기회를 주지만, 좋은 기회인지도 모르는 채 놓쳐버리는 이들이 많다. 부자가 되려면 현실에 만족하며 머물러 있어서는 안 된다. 기본 자산인 아파트 평수를 넓히면, 단순히 아파트 평수가 늘어나는 것 이상의 자산 증가 효과를 거둘 수 있다.

기본 자산을 늘려야 일찍 부자가 될 수 있다는 사실을 잊지 마라. 이는 부자가 되기 위해 지켜야 할 기본 중의 기본이다. 지금 당장 기본 자산을 늘릴 수 있도록 실행에 나서라.

공동명의로
절세한다

가락동 시장에서 야채 도매업을 하는 L씨(55세)

그는 2011년 1월에 아파트의 소유권을 아내와의 공동명의로 바꿨다. 세금을 줄이기 위해서였다. 10년 전 아파트를 구입할 때보다 기준시가(21억 7,000만 원)가 많이 올라 종합부동산세를 수백만 원씩 납부해왔다. 2010년에도 442만 원(농특세 포함)의 종합부동산세를 납부했다.

그러던 그는 어느 날 친구들에게 뜻밖의 얘기를 들었다. 소유권을 배우자와 공동명의로 바꾸면 세금을 줄일 수 있으며, 종합부동산세는 배우자와 합산하지 않고 각자 별도로 과세하는 게 훨씬 유리하다는 것이었다.

배우자와 공동명의로 바꾸면, 종합부동산세가 120만 원(농특세 포함)으로 줄어들어 무려 322만 원을 절세할 수 있다고 했다. 게다가 주택을 처분할 때 내는 양도소득세도 절세할 수 있다는 것이 아닌가. 이렇게 똑똑한 절세 방법을 두고도 단독명의만 고집해 온 자신의 무지함이 원망스러웠다.

며칠 후, 그는 집의 소유권을 공동명의로 바꿨다. 그렇게 공동명의로 바꾼 후에는 종합부동산세를 한 푼도 내지 않았다. 이런 혜택이 있음을 알게 된 그는 집에 이어서 33.3m²(10평) 남짓 되는 점포도 공동명의로 바꿨다. 상가를 처분하게 되면 양도세도 절세할 수 있기 때문이다.

이처럼 부자들은 부동산 소유권을 단독명의로 하는 것보다 공동명의로 하는 것을 선호한다. 물론 이유는 절세 때문이다. 합법적으로 절세할 수 있기 때문이다. 하지만 재산을 공동명의로 하기 전에 한 가지 생각해 볼 문제가 있다. 바로 '왜 하필 배우자와 공동명의를 하는가' 다.

자녀와의 공동명의는 안 되는 것일까? 물론 가능하다. 그렇지만 세 부담 없이 배우자에게 증여할 수 있는 한도액이 자녀에게 증여할 수 있는 한도액보다 월등히 많기 때문에 배우자와 공동명의를 하는 편이 훨씬 유리하다. 배우자에게는 6억 원까지 세 부담 없이 증여할 수 있지만 자녀에게는 겨우 3000만 원까지만 가능하다.

주택은 공시가격이 6억 원을 초과하는 경우에 종합부동산세 과세 대상이 된다. 결국 부부가 각 6억 원씩 총 12억 원 상당의 주택을 부유하고 있다면 종합부동산세가 과세되지 않는다는 이야기다. 이러한 부동산 공동명의는 단점보다 장점이 더 많다.

우선 종합부동산세를 비롯해 양도소득세를 절세할 수 있다. 예를 들어 양도차익 1억 원이 발생한 경우 배우자 한 사람의 소유라면 양도세를 2,673만 원 정도 납부해야 한다. 하지만 공동 소유인 경우에는 양도세를 1,980만 원(각자 990만 원)만 내면 돼 693만 원의 세금을 줄일 수 있다.

공동명의로 바꾸기 전에 먼저 명의를 변경할 때 내야 하는 증여세, 취득세, 등록세를 합친 금액과 양도소득세, 재산세, 종합부동산세, 상속세 등의 절세액을 비교해야 한다. 명의 이전에 소요되는 증여세, 취득세, 등록세의 합계액이 절세액보다 더 많다면 굳이 공동명의로 바꿀 필요가 없다.

부동산은 반드시 배우자와 공동명의로 해라

부자들은 처음에 집을 살 때부터 소유권을 공동명의로 한다. 처음부터 공동명의로 하면 추가로 들어가는 세금이나 비용이 전혀 없다. 하지만 단독명의에서 공동명의로 바꾸면, 소유권을 일부 이전하는 데 따른 취득세·등록세와 함께 등기 비용도 부담해야 한다.

부자들은 부동산 공동명의의 장점을 너무나 잘 알고 있다. 가장 큰 이점은 절세할 수 있다는 것이다. 자산을 더 안전하게 지킬 수 있는 방법이기도 하다. 또한 배우자와 공동명의를 함으로써 자산관리를 함께 한다는 일체감을 형성할 수 있다. 이는 곧 더 큰 투자 성공의 밑거름이 되기도 한다.

"인생의 여정에서 우리는 종종 목표를 망각한다. 거의 모든 직업은 목적을 위한 수단으로 선택되지만, 결국은 그 자체가 목적이 되어버린다. 목표를 망각하는 것은 우리의 어리석은 행동 중에서도 가장 자주 발생한다."

독일의 철학자 니체의 말이다. 목표를 망각하는 어리석은 행동을 저지르지 않으려면 배우자와 함께 돈을 버는 목표를 분명히 세워야 한다. 목표가 불분명하면 싸움이 시작되고, 싸움은 경제적·정신적 손해를 부른다. 부자들은 자산관리 방법이 잘못되었다는 것을 알게 되면 고집을 부리지 않고 즉시 목표와 전략을 수정한다.

돈보다 부를 지키는
방법을 물려준다

전라도 광주에 사는 D씨(65세)

그는 부모 형제의 도움 없이 오로지 혼자 힘으로 자수성가하여 부
자가 되었다. 1964년, 그는 고등학교를 중퇴하고 18세의 어린 나이에
광주에 있는 신발 도매상에 점원으로 취직했다.

부산의 신발 공장을 오가면서 10년간 열심히 일한 덕분에 200만
원 정도의 장사 밑천을 마련할 수 있었다. 점원으로 성실하게 일하면
서 배운 장사 기술을 바탕으로 1975년, 서울로 상경하여 동대문시장
에 꿈에 그리던 신발 도매상을 차렸다.

그는 그때부터 밤낮없이 동대문시장에서 땀을 흘리며 보냈다. 덕
분에 결혼도 하고, 허허벌판이던 강남에 991.73m²(300평) 정도 되는

땅도 장만할 수 있었다. 올림픽 열기가 한창이던 1988년, 그 땅에 상가 건물을 지어 지금까지 소유하고 있다. 운영하던 신발 도매상은 1990대 중반 유명 메이커 신발들이 출시되면서 접고, 고향인 광주로 내려와 지역사회를 위해 봉사활동을 하며 인생 제2막을 아름답게 살고 있다.

그는 금융자산은 별로 없지만, 강남에 빌딩만 세 채를 소유한 200억 원대의 부자다. 매월 임대수익만 수천만 원씩 받고 있다. 이제는 나이도 있고 하니 부동산을 처분해 자녀들에게 증여해 줄 법도 하지만, 살아생전에는 물려줄 생각이 없다고 한다. 가지고 있는 부동산을 정리해 자녀들에게 미리미리 증여해 주는 것이 좋지 않겠느냐는 얘기만 하면 손사래를 친다.

그는 부동산을 처분해 현금으로 물려주는 것보다 부동산을 그대로 물려주는 것이 절세 측면에서 훨씬 유리하다는 사실을 잘 알고 있다. 예를 들어 현금으로 100억 원을 증여할 경우, 증여세율은 50%, 과세표준은 100억 원이 되어 대략 50억 원 정도의 증여세를 납부해야 한다.

그러나 매매시세 100억 원 정도 하는 상가 건물을 증여할 경우 세율은 50%로 같지만, 상가 건물에 대한 과세표준이 매매시가가 아닌, 기준시가(매매시가의 60~70%인 60억~70억 원 정도)로 산정되며, 여기에서 임대보증금과 대출금까지 차감하여 증여세를 계산하므로 상당 부분을 절세할 수 있다.

10년 전에 비해 화폐가치가 떨어졌고, 앞으로 10년이 더 지나면 화폐가치는 더 떨어질 것이라는 사실도 훤히 내다보고 있다. 게다가 현재 은행의 예·적금 금리는 해마다 물가가 올라가는 것을 감안하면 마이너스 금리나 다름없다고 생각하고 있다.

그래서 금융자산보다는 실물자산인 부동산을 선호하는 것이다. 하지만 자식들을 생각해서라도 부동산은 사후에 물려줄 생각이다. 만약 자식들에게 자산을 일찍 물려주면, 스스로 부자가 되려는 자립심이 생겨날 수 없다고 생각하기 때문이다. 이미 부자가 되었으니 부자가 되기 위해 노력하기보다는 소비하고 낭비하는 데 인생을 소모하게 되리라는 것이다.

또한 자산을 너무 일찍 물려주고 나면 지금보다 더 나이 들어서는 결국 자식들한테 홀대 받을 것이 뻔하다고 생각하기 때문이다. 그래서 사후에 물려주겠다는 것이다.

내가 아는 지인 한 사람은 60대 초반의 수십억 원대 자산가로 의정부에서는 유명한 알부자다. 그는 만날 때마다 10년도 더 된 점퍼를 입고, 10년도 더 되어서 해진 구두를 신고 오곤 했다. 수십억 원대 자산가지만 옷차림에서 명품은 좀처럼 찾아볼 수 없었다. 또한 자가용이 없는 것도 아닌데 버스가 훨씬 더 편하다며 항상 대중교통을 이용했다. 그는 웬만해선 자신이 부자라는 얘기는 물론이고, 돈에 관한 얘기도 남들에게 잘 하지 않았다.

이처럼 '검소한 부자'는 절대로 부를 겉으로 드러내지 않는다. 항상 검소하게 생활하며, 분에 넘치는 사치를 수치스럽게 생각한다. 남들 몰래 불우한 이웃을 챙겨주는 진정한 부자의 모습을 보여주기도 한다.

부자가 되는 법을 물려줘라

부자들이 다른 자산보다 부동산을 선호하는 이유는 자식들한테 물려줄 때 절세할 수 있기 때문이다. 또한 물가가 상승함에 따라 가치가 하락하는 다른 자산들에 비해 부동산은 가치가 하락할 위험성이 적기 때문이다. 그렇다고 부동산을 자식들에게 일찍 물려주는 법은 없다.

부자가 되는 것이 얼마나 힘들고 어려운지를 깨우치게 하고, 물려받을 자산을 잘 지킬 수 있도록 가르치기 위함이다. 그들은 스스로 노력해서 이룬 것이 아니면 오래가지 못한다는 것을 잘 알고 있다.

중국의 최고 성군으로 꼽히는 당나라 태종(太宗)이 여러 신하들과 정사를 논한 말들을 모아 만든 『정관정요(貞觀政要)』를 보면 다음과 같은 말이 나온다,

"예로부터 업(業)을 창시하여 이를 잃은 자는 적으나, 성(成)한 것

을 지키다 이를 잃는 자는 많다.”

마찬가지로, 돈은 얻는 것보다 지키는 것이 더 힘들다.

부자들이 보통 사람들보다 훨씬 혹독하게 자녀들에게 경제 교육을 하는 이유도 여기에 있다. 그들은 자식들에게 고기를 잡아주기보다는 고기를 낚는 법을 알려줌으로써 진정한 부자가 되는 법을 물려주고자 힘쓴다.

평생 돈에 대해
공부한다

사당동에 사는 S씨(67세)

50년 가까이 노량진 수산시장에서 생선 장사를 해서 모은 자산이 무려 100억 원대가 넘는 그는 진정한 노블리스 오블리제(noblesse oblige)를 실천해 오고 있다. 그는 비록 남부럽지 않은 성공을 거두었지만 많이 배우지 못한 한이 있다. 그래서인지 돈이 없어 제대로 공부하지 못하는 학생들을 지원하는 데 누구보다도 열정적이다. 3년 전에는 모 대학에 장학금으로 5억 원을 기부하기도 했다. 또한 불우한 이웃들을 배려하고 돕는 일에 솔선수범하고 있다.

그는 자신이 어렵게 모은 자산을 안전하게 잘 지키면서 잘 쓰는 방법을 공부하고 있다. 물론 자식들에게 전 자산을 고스란히 물려줄 생각은 없다. 자식들에게 전부 주는 것보다는 의미 있게 물려줄 방법을 고민하고 있다.

이처럼 진정한 부자들은 젊은 시절 온갖 고생을 하면서 억척스럽게 모은 자산을 아름답게 쓰는 방법을 알고 있다. 부자들은 어려운 이웃을 위해 기부를 하고, 한 푼이라도 더 아끼면서 자산을 지키고 도덕적으로 정당하게 물려주기 위해 오늘도 열심히 공부하고 있는 것이다.

부자들은 자산을 늘리는 것보다 지키는 것이 더 힘들다고 입을 모은다. 그래서 자산을 잘 지키고 잘 쓰기 위해 공부하고 또 공부한다. 이미 부자가 되었음에도 공부에 매달리는 것은 빠르게 변화하는 시장의 흐름을 따라가지 못하면 모아놓은 자산이 물거품처럼 한순간에 사라져버릴 수 있다는 것을 누구보다도 잘 알기 때문이다. 그래서 항상 시장을 주시하며 공부하는 것이다. 부자들이 수시로 바뀌는 양도세를 비롯한 각종 조세 정책의 변화와 금융 시장 및 외환시장의 추이에 관심을 기울이며 공부하는 것도 이 때문이다.

당연한 말이지만, 증여·상속을 할 때는 세금에 대해 잘 알고 물려줄 때와 그렇지 않을 때의 납부 세액의 차이가 크다. 고생해서 부자가 된 사람일수록 자식에 대한 사랑이 각별하고, 한 푼이라도 자식들에게 더 물려주려고 애쓴다. 하지만 자산을 물려주는 일은 그리 간단

치 않다. 돈을 모으는 것보다 물려주는 것이 더 어렵다는 말이 나올 정도다. 왜냐하면 엄청난 세금이 따라 붙기 때문이다.

상속세를 절세하려면 사전에 증여를 통해 자산을 미리 물려주는 것이 좋다. 미리미리 증여를 많이 해주면 상속세가 줄어든다. 그렇지만 증여세는 누진세율을 적용하기 때문에 세금이 비싸다. 따라서 증여를 할 때는 금융자산보다 부동산으로 하는 편이 유리하다. 부동산 가격이 싼 시점(저평가된 시점)에 일찍 증여를 해주는 것이 좋다.

또 증여받는 사람(수증자)의 숫자를 늘리는 것도 한 가지 방법이다. 여기에 세대생략증여도 생각해 볼만 하다. 예를 들어 부동산을 자식이 아닌 손자에게 증여를 하면, 자식에게 증여할 때보다 30%만 더 내면 된다. 본인이 자식에게, 그리고 자식이 손자에게 증여를 하면서 이중으로 증여세를 내는 것보다 이득이다.

돈의 흐름과 경제에 대해 끊임없이 공부해라

평생 돈을 버는 낙으로 살아온 부자들은 자산을 잘 지키려는 목표의식도 뚜렷하다. 지금까지 모아온 자산을 아름답게 잘 쓰고, 잘 물려주기 위해서다. 그렇기 때문에 당연히 돈에 대한 관심과 지식은 일반 사람들보다 훨씬 높은 편이다. 학위만 없다 뿐이지 웬만한 박사들보다 한 수 위다. 당신도 부자가 되고 싶다면 끊임없이 시장을 공부하고 찾아다니며 돈이 어디로 흘러가는지 면밀히 살펴야 한다.

제 3 장

발상이 남다른 부자들의
종목별 투자 원칙

겉모습만 보고
판단하지 않는다

여의도에 사는 가정주부 A씨(44세)

그는 첫 투자에서 큰 실패를 겪은 아픈 경험이 있다. 5년 전, 내 집 장만을 위해 서초동과 양재동 일대를 4~5군데나 방문했지만, 마음에 쏙 드는 아파트를 발견하지 못했다.

그러던 어느 날, 한 동만 있는 '나 홀로 아파트'에 구경을 갔다. 현관문을 여는 순간 깨끗하고 단아한 느낌이 드는 곳이었다. 세련되게 리모델링한 거실은 햇볕이 환히 들어 아늑해 보였다. 게다가 안방에 있는 붙박이장에도 마음이 심하게 끌렸다. 그의 집에 있는 장롱하고는 비교가 되지 않았다. 특히 그는 주방 싱크대에 말 그대로 필(feel)이 딱 꽂혔다. 여태껏 이토록 세련되고 우아한 싱크대는 본 적이 없었다. 결국 그는 싱크대와 붙박이장을 그대로 인수하는 조건으로 '나홀로 아파트'(85㎡)를 5억 6,000만 원에 매입했다.

그러나 아파트를 매입한 지 3년이 지나도록 가격은 십 원 한 푼 오르지 않았다. 오히려 매입했을 때보다 가격이 훨씬 떨어졌고, 결국에는 6,000만 원 정도 손해를 보고 처분했다. 지금 생각해 보면 참 바보 같은 투자였다. 가구 하나에 혹해서 그 '통 큰' 투자를 한 셈이니.

집 안을 채우고 있던 화려한 싱크대와 붙박이장에 평소의 이성적인 판단력과 평정심을 빼앗겨 버렸던 것이다. 객관적 판단보다는 주관적인 느낌에 끌린 결과 첫 번째 투자에 실패한 것이다.

하지만 지금은 자신의 서툴렀던 첫 투자를 생각하면서 웃음 짓고는 한다. 한 번의 허망한 실패를 경험한 이후, 투자에 나설 때면 항상 평정심을 지키려 애써왔다. 그리고 철저하게 객관적인 잣대로만 투자 여부를 판단하고 실행해 왔다.

여러 차례 아파트를 갈아타는 동안 싱크대와 붙박이장은 쳐다보지도 않았다. 그렇게 냉철하고 이성적으로 투자 조건을 철저히 따진 덕분에 20억 원 이상의 투자수익을 올릴 수 있었다.

많은 사람들이 아파트에 투자만 하면 성공할 수 있다는 막연한 기대를 품고 있다. 하지만 아파트에 투자해서 성공하는 사람들은 20% 밖에 되지 않는다. 많은 이들은 객관적인 판단보다는 주관적인 생각에 치우쳐 잘 따져보지도 않고 투자에 나섰다가 손해를 본다. 지금도 대부분의 사람들이 아파트의 실내 분위기에 매료되어 투자를 결정하곤 한다.

그러나 부자들은 실내 분위기나 가구 등에는 눈길조차 주지 않는다. 반면에 허름하고 낡은 보잘것없는 집이라도 객관적으로 검증하고, 이를 통해 미래가치가 있다는 판단이 들면 과감하게 투자한다. 부자들은 투자를 결정할 때만큼은 절대로 평정심을 잃지 않으며, 의사 결정의 순간순간마다 객관적이고 이성적인 사고의 끈을 절대 놓지 않는다.

독일의 군인 카를 폰 클라우제비츠(Carl von Clausewitz)는 저서 『전쟁론』에서 다음과 같이 말했다.

"평정심은 예측 불가능한 영역인 전쟁에서 중요한 역할을 한다. 평정심이야말로 예측 불가능성을 처리하는 극대화된 능력이다. 위험을 맞이했을 때의 빠른 사고력이 높이 평가받는 것과 마찬가지로, 기민하게 임기응변하는 평정심 역시 높이 평가받아야 한다. 평정심은 지성이 제공하는 도움을 재빨리 그리고 정확히 전달하기 때문이다."

부동산 투자에 무슨 평정심까지 필요하느냐고 반문하는 사람도 있을 것이다. 그렇지만 주변에 혹하지 않는 냉철한 평정심은 부동산 투자에서도 실패를 최소화하는 역할을 한다. 아파트 투자에서 실패하는 사람들이 유독 많은 이유는 아파트의 번듯한 겉모습에 평정심을 잃고 주관적인 생각에 얽매여 투자를 결정하는 이들이 많기 때문이다.

예를 들어 화장실의 청결 상태, 신발장, 싱크대, 붙박이장, 조명 상태 등은 아파트 가격에는 영향을 미치지 않는다. 하지만 많은 투자자들이 이것들의 좋고 나쁨에 따라 투자를 결정한다.

아파트에 투자할 때는 평정심을 갖고 이성적인 태도를 유지해야, 주관적인 생각에 휘둘리지 않고 객관적인 판단을 할 수 있다. 객관적인 판단에 따라 투자하기 위해서는 지역적인 특성을 고려해야 한다. 예를 들어 2,000가구 이상의 대규모 단지가 형성되어 있는지, 그리고 교육환경, 편의시설, 자연환경, 교통환경이 우수한지 등을 살펴봐야 한다.

부동산 고수는 겉만 번지르르한 아파트에 현혹당하지 않는다. 아파트의 미래가치를 보장받으려면 위에서 설명한 지역적 특성들 외에도 사회적·문화적 인프라가 얼마나 잘 갖춰져 있는지, 주민들이 생활하기에 얼마나 편하고 실용적일지, 그리고 건물이 튼튼하게 지어졌는지를 봐야 한다.

이를 반영하듯 교육환경을 비롯한 인프라가 잘 갖춰진 강남의 대치동과 반포 지역의 아파트 가격은 최고가를 경신하고 있다. 다시 한 번 말하지만, 아파트가 위치한 지역의 특성을 투자 의 최우선 잣대로 삼아야 한다.

⚡ 아파트에 투자할 때 고려해야 할 10가지 사항

① 신축연도	재건축 연한이 도래하였는지, 언제 도래하는지를 검토한다.
② 공법상 제한 사항과 용적률	법률상 허용되는 용적률과 현재의 용적률을 검토함으로써, 향후 재건축 시 수익성이 있는지를 살펴야 한다.
③ 대지지분	평형별 대지지분을 검토하여, 같은 평형 대비 대지권이 큰 아파트를 선정해야 향후 재건축 시 유리하다.
④ 전용면적	같은 평형 대비 전용면적이 큰 아파트를 골라라.
⑤ 계단식	복도식 아파트보다는 엘리베이터를 전용으로 이용할 수 있는 계단식 아파트를 선택하는 것이 유리하다.
⑥ 평형의 구성	소형 평형부터 중형 그리고 대형 평형까지 다양한 평형으로 구성되었는지 파악한다.
⑦ 향	거실과 방의 방향이 남동쪽인 곳이 좋다.
⑧ 주차	지하 주차장이 있는 곳이 좋으며, 세대당 2대의 주차가 가능해야 한다.
⑨ 인근에 대규모 신축 단지가 들어서는지 여부	인근에 대규모 단지가 들어서면 분양 시점을 전후로 주거환경이 개선되므로 반사이익을 누릴 수 있다.
⑩ 아파트 단지의 관리 상태	미관 문제, 소음 문제 등 문제점에 대한 관리가 잘 이루어지는 곳을 선택해라.

화려한 내부 혹은 겉모습에 현혹당하지 마라

부자가 되기 위해서는 시야를 좁게 만드는 주관적인 생각들은 최대한 빨리 버려야 한다. 객관적인 시야로 바라볼 때 미래가치가 뚜렷하게 보이기 때문이다. 객관적인 시야로 가치를 판단할 수 있게 도와주는 거시적인 지표로는 위에서 언급한 아파트 단지의 규모, 교육환경, 편의시설, 자연환경, 교통환경 등이 있으며, 미시적인 지표로는 대지지분, 용적률 등이 있다.

당신도 부자가 되고 싶다면 집 안의 그럴싸한 인테리어나 가구 혹은 아파트 브랜드 등 주관적인 잣대로 가치를 평가하는 관습에서 벗어나 객관적인 시야를 길러야 한다.

아파트보다 동네를 본다

돈암동을 비롯해 왕십리, 강남역 등에서 편의점 세 곳을 운영하는 P씨(47세)

그는 업계에서도 알아주는 부자다. 전체 자산 규모는 50억 원 정도며, 월 2,000만 원가량의 수입을 올리고 있다.

2006년, 그는 초등학교에 입학하는 아이 때문에 이사를 해야 할 상황이었다. 그래서 살고 있던 아파트의 매도 계약을 마치고 이사할 지역을 물색하고 있었다. 그러던 중 친구 한 명이 아이들 교육에 좋다며 자신이 살고 있는 일원동을 강력하게 추천했다.

평소 신중한 성격의 그는 친구가 추천한 일원동과 개인적으로 관심을 가지고 있었던 대치동의 조건을 꼼꼼하게 비교하기 시작했다.

두 지역의 과거 5년 간의 집값 추이를 비교해 보니 일원동보다 대치동의 아파트 가격 상승폭이 더 높게 나타났다.

처음에는 어째서 두 지역의 아파트 가격에 차이가 발생하는지 이해할 수 없었다. 하지만 좀 더 살펴보니 곧 이유를 찾을 수 있었다. 일원동은 대치동에 비해 소형 아파트와 임대 아파트가 많았다. 반면 대치동은 중산층이 거주하는 중대형 아파트가 훨씬 더 많았다. 여기에 교육환경도 월등히 좋았고 편의시설과 교통환경도 대치동이 더 우수했다.

그래서 두 지역 모두 강남구에 위치해 있지만 아파트 가격에는 상당한 차이가 있었던 것이다. 생각이 여기까지 미친 그는 결국 미도아파트(115.7㎡, 매입가 6억 7,000만원)를 매입했다. 아직 매도한 것은 아니지만, 현재(2011년 1월) 시세로 투자수익을 따지자면 총 4억 5,000만 원을 번 셈이다.

이처럼 부동산 고수는 투자 목적이 아닌 주거 목적으로 아파트를 매입할 때도 미래가치를 반드시 따져본다. 과거의 아파트 가격의 추이를 비교해 보면 미래가치를 예측하는 데 도움이 된다.

아파트에 투자할 때 사람들이 중요하게 여기는 것이 교육환경이나 교통환경, 편의시설 등이다. 그러나 부자들이 아파트 투자를 결정할 때 이것보다 더 중요하게 여기는 것이 있다. 바로 아파트에 중산층이 얼마나 많이 살고 있는지, 그리고 그 지역에 중대형 아파트가 얼마나 많은지를 본다.

그러나 보통 사람들은 주거 목적으로 아파트를 구입하는 경우 아파트가 위치한 지역이 살기에 얼마나 편리한지를 가장 중요하게 고려한다. 투자가치는 면밀히 따지지 않는 것이다. 살다가 가격이 올라가면 고마운 일이고, 아니면 말고 식이다. 또한 주변에 소형 아파트와 임대 아파트가 많든 적든 그닥 상관하지 않는다.

최근 10년 동안 압구정 구현대아파트는 무려 3배 이상 올랐다(115.7㎡ 기준). 10년 전에는 10억 원이면 같은 아파트(매매시세 3억 원 수준)를 3채 정도 살 수 있었는데, 지금은 아파트(매매시세 13억 원 수준) 한 채를 사기에도 턱없이 부족하다.

서울 강남 지역의 아파트 가격은 천정부지로 치솟고 있다. 강남에 위치하고 있다는 이유만으로 명품 취급을 받는 아파트도 생겨나고 있다. 물론 일부 투기자본이 가격을 끌어올린 영향도 있다. 그러나 내막을 좀 더 자세히 살펴보면 그 지역에만 있는 사회적·문화적 인프라가 가격 상승에 더 많은 영향을 미치고 있다는 사실을 알 수 있다.

압구정동을 비롯해 반포, 대치동 등 아파트 가격이 비싼 지역의 공통점은 중·대형 아파트의 비중이 높으며, 사교육 시설을 포함한 교육환경이 우수하고 각종 편의시설이 갖추어져 있다는 것이다. 또한 이들 지역은 양재천, 한강 고수부지와 같은 뛰어난 자연환경과 편리한 교통환경을 자랑한다.

미국의 유명 경제학자 셔윈 로젠(Sherwin Rosen)은 주택의 경제학적 가치를 다음과 같이 명확하게 설명하고 있다.

"주택이 제공하는 서비스를 구성하는 교통환경 지역적 특성, 공기 오염도와 같은 환경적 특성 등의 집합들이 가격에 영향을 미치는 것으로 간주하고 있다."

한국의 주택 시장도 예외는 아닌 것 같다. 아파트의 내재가치(임대료와 임대료 상승에 대한 기대, 할인율, 가격 거품 등에 의해서 결정된다)보다 주변 지역의 지역적 특성들이 가격에 더 많은 영향을 미치기 때문이다.

실제로 2000년에 들어서면서부터 강남 지역의 아파트 가격이 급상승했다. 이렇게 강남 지역의 아파트 가격이 급격하게 상승한 것은 강북 지역에 비해 사교육 시설이 월등히 좋았기 때문이다. 이로 인해 초·중·고생 자녀를 둔 중산층 가정이 이 지역으로 몰려들었고, 이러한 초과 수요가 가격 상승의 원인을 제공한 것이다.

지금은 두 지역의 격차가 극복하기 어려울 정도로 벌어졌다. 이처럼 강남 지역의 아파트가 유독 주목을 받으면서 가격이 오른 것은 아파트의 내재가치보다 지역적 특성 즉, 교육적·사회적·문화적 인프라가 가격 상승을 주도하고 있기 때문이다.

전체를 볼 줄 아는 거시적 관찰자가 되자

영국의 국부로 불리는 애덤 스미스(Adam Smith)는 '보이지 않는 손(invisible hand)'에 의하여 모든 경제활동이 조정된다고 말했다. 상품의 가격은 수요와 공급의 능동적인 자동 조절 기능에 의해 시장에서 결정된다는 것이다.

그렇다면 아파트 가격도 이 법칙의 예외가 될 수는 없을 것이다. 그러나 우리나라처럼 주택의 수요에 비해 공급이 턱없이 부족한 경우에는 집값이 '보이지 않는 손'에 의해 조정되지 않고 예외적으로 움직일 수 있다. 게다가 우리나라에서는 정부의 부동산 정책이 주택 가격에 심대한 영향을 미치고 있다.

아파트의 내재가치만 보고 투자하는 사람은 큰 부자가 될 수 없다. 아파트가 위치한 지역의 사회적·문화적 인프라를 더 중요한 투자의 잣대로 삼아야 한다. 미래가치에 직접적인 영향을 미치는 지역의 특성에 더 주목하도록 하자.

재건축 아파트를
귀신같이 찾아낸다

1977년, 역삼동 개나리아파트(69.42㎡(21평))를 978만 원에 장만한 P씨(60세)

그는 은퇴를 앞두고 있는 고등학교 국어 교사다. 2006년, 소유하고 있던 아파트가 재건축되어 109㎡(33평형)를 배정받아 입주하였다. 입주 후에 아파트 가격은 9억 5,000만 원 정도에 형성되었다. 매입가 대비 무려 90배 이상의 자본수익을 올린 것이다. 이렇게 재건축 아파트가 돈이 된다는 사실을 알게 된 그는 2009년, 또다시 잠원동 지역의 재건축 대상 아파트로 갈아탔고 덕분에 짭짤한 수익을 얻었다.

사실 재건축이 완료된 아파트에 입주해 3년 동안 살면서 편리하고 쾌적한 주거환경 때문에 다른 곳으로 이사 갈 생각은 단 한 번도 하지 않았다. 하지만 은퇴 이후를 생각하면 이대로 안주할 수만은 없었다.

물론 새로 재건축한 아파트의 편안함은 그들 가족에게 큰 만족을 주었다. 지역적으로도 강남의 한복판에 자리 잡고 있었고, 교육의 메카 대치동과는 지근거리에 붙어 있었다. 그러나 지역적인 특성과 재건축에 따른 자본수익을 이미 다 거두었기 때문에 더 이상의 수익은 기대할 수 없다고 판단했다. 특히 재건축으로 재미를 톡톡히 본 터라, 또 다른 재건축 대상 아파트로 갈아타기로 결심을 했다.

하지만 과감하게 행동으로 옮기기에는 시장에 대한 정보와 확신이 턱없이 부족했다. 그래서 전문가에게 자문을 구하고, 2~3개월 정도 현장을 누비며 철저히 시장조사를 했다.

드디어 2009년 6월, 역삼동 개나리래미안(109㎡)을 10억 5,000만 원에 처분하고 곧바로 한강변 한신 2차(99㎡, 매입가 9억 1,000만 원) 아파트로 갈아탔다. 여기에 2009년 8월에는 치열한 경쟁을 뚫고 한남더힐(85㎡, 5억 4,700만 원)까지 분양받는 데 성공했다.

당시 처분한 개나리래미안은 2,000만 원 정도 떨어졌다. 반면 한신 2차 아파트는 2억 4,000만 원 정도 올랐다. 여기에 2011년 1월 말일부터 입주를 시작한 '한남더힐'도 프리미엄만 1억 5,000만 원 넘게 붙은 상태다.

현실에 만족하지 마라

돈도 벌어본 사람이 더 잘 번다고 했던가. 부자들은 재건축 아파트를 통해 투자수익을 맛본 후에도 새 아파트의 편안함에 안주하지 않고 즉시 또 다른 재건축 아파트를 찾아 투자한다.

투자의 단맛을 본 그들은 초심을 잃지 않고 계속해서 부동산 시장을 주시하며, 쉬지 않고 현장을 뛰어다니며 투자처를 물색한다. 이렇게 365일 투자의 맥을 짚고 있기 때문에 '물건'을 만났을 때 직감적으로 알아차릴 수 있는 것이다.

이처럼 부자들은 한 번의 성공에 도취하거나 만족하지 않고 재테크의 새로운 솔루션(Solution)을 발견하기 위해 끊임없이 노력한다. 그리고 이를 귀신같이 투자의 성공 포인트로 연결하며 서서히 부동산 투자의 달인이 되어간다.

자신만의
소신이 있다

증권회사에 다니는 L씨(47세)

그는 대학생 때부터 부동산에 관심이 많았다. 대학 졸업 후 회사에 취직해서 어느 정도 종잣돈을 모은 그는 30대 초반이던 1994년, 사당동의 허름한 단독주택을 8,500만 원에 구입했다. 당시 전세 대란이 일어나 정부에서는 별도의 주차장을 확보하지 않아도 다가구주택을 신축할 수 있게 허가해주었다.

그는 아무도 거들떠보지 않던 다가구주택(5가구)을 지어 임대를 놓았다. 결국 그는 생애 첫 투자에서 공사비를 공제하고도 7,000만 원 정도를 남기는 성공을 거두었다.

하지만 문제는 이때부터였다. 이른 나이에 맛본 조그만 성공이 그를 자만에 빠지게 한 것이다. 첫 투자 후 그는 일간신문을 읽으며 정부에서 내놓는 부동산 정책을 꼼꼼히 공부했고 정책에 따라 투자했다. 그러나 결과는 번번이 실패로 끝났다.

그렇게 10년 동안 비싼 수업료를 지불하며 산 공부를 하였다. 급기야 그는 청개구리 투자자가 되기로 결심했다. 10년 동안 정부 방책을 따라 투자했음에도 계속 손해만 보았기 때문이다. 이렇게 계속 손해만 볼 바에야 차라리 자신의 소신대로 해보다가 잃는 편이 덜 억울하겠다는 생각이 들었다.

2004년, 당시 아파트 가격이 너무 많이 올라 실수요자들은 매수를 꺼리고 있었다. 여기에 분양원가 공개 논란이 이어지고, 개발이익 환수 등 부동산 시장에 대한 규제가 가시화되고 있었다. 언론에서는 부동산에 투자하지 않는 것이 좋겠다는 기사를 연일 쏟아내고 있었다.

그는 하루가 멀다 하고 바뀌는 부동산 규제 정책을 탓하기보다는 오히려 시장을 거꾸로 보며 투자의 기회로 삼았다. 당시 강남 지역에 대기 수요는 많은 반면, 주택 공급은 부족한 편이었다. 부동자금은 500조 원을 넘어섰고, 시중금리는 하향 안정세를 유지하고 있었다. 그가 아파트 가격이 좀 더 올라갈 것이라고 확신한 이유였다.

그는 주변의 만류에도 불구하고 잠원동 청구아파트(85㎡, 매입가 6

억 1,500만 원)를 매입했다. 그런데 강력한 규제 속에서도 아파트 가격은 그의 예상대로 조금씩 올라갔다.

그는 양도소득세 비과세 기간(2년 거주, 3년 보유)을 채운 뒤 2억 1,000만 원의 수익을 남기고 재건축 아파트로 갈아탔다. 그의 청개구리 투자법이 정확히 맞아떨어진 것이다.

이처럼 부동산 고수는 모두가 No라고 할 때, Yes라고 외치는 소신이 있다. 실제 부자들의 투자 사례를 보면, 2010년 상반기 부동산 시장에 대한 전망은 암울했지만, 부자들은 생각이 달랐다. 당시 개포 주공2단지 소형 아파트(24.75㎡(7.5평)) 가격은 4억 5,000만 원 정도로 바닥을 찍었지만, 부자가 아닌 사람들은 이를 외면했고, 부자들만 투자에 나서 2011년 2월 현재 1억 2,000만 원 정도의 자본수익을 올리고 있다.

부자들은 정부의 심한 규제 정책 속에서도 청개구리처럼 뛰어다니며 투자의 기회를 엿본다. 물론 시장에 가해지는 규제를 무조건 외면하는 것은 아니다. 부자들은 부동산 시장을 규제하면 아파트 가격이 떨어지고 수요자 우위 시장이 형성되므로 오히려 더 좋은 투자 기회라고 여긴다.

그러나 부동산 하수는 시장에 규제 정책이 쏟아지면, 절대로 움직이지 않는다. 그리고 정부의 정책을 있는 그대로 받아들인다. 또한 수요자 우위 시장이 형성되었는데도 투자에 나서지 않는다. 이들은 아파트 가격이 올라갈 때 투자하는 잘못된 습관을 가지고 있다.

현재의 악조건에 흔들리지 않는 통찰력을 길러라

시장이 어려울수록 부동산 고수와 하수들의 움직임은 확연하게 차이가 난다. 부동산 고수는 역발상 행동으로 위기를 투자의 기회로 반전시킨다. 또한 환경에 굴하지 않고 긍정적인 전략을 세워 투자를 성공으로 연결한다.

하지만 부동산 하수는 시장이 어려워지면 정책이나 시장 탓만 한다. 시장의 상황은 변하기 마련인데 앓는 소리만 할 뿐 행동엔 나서지 않는다. 부동산 시장은 정책을 비롯한 여러 가지 변수에 따라 변화를 거듭한다. 기회는 어려울수록 더 많이 주어지기 마련이다.

잊지 마라. 고수들은 우연히 찾아온 한 번의 기회도 절대 놓치지 않는다. 현재의 악조건에 흔들리지 않는 통찰력을 길러 시장을 거꾸로 보며 투자하라.

남향만
고집하지 않는다

삼성동에 사는 가정주부 Y씨(45세)

그는 이사를 다닐 때마다 항상 남향집을 고집했다. 단순히 남향집이 여름에는 시원하고 겨울에는 따뜻하다는 게 이유였다.

하지만 4년 전 삼성동 아이파크로 이사를 오면서부터는 생각이 확 바뀌었다. 당시 그는 두 군데 정도의 남향집을 둘러본 후, 중개업자의 권유로 마지못해 북향집도 구경하였다. 그런데 현관문을 열고 거실로 들어서는 순간 창문 밖으로 보이는 한강이 그 무엇과도 비교할 수 없는 감동을 안겨주었다.

이런 조망이라면 시세 차이도 꽤나 생길 것이라는 직감이 들었다. 그는 남향집을 포기하는 대신 한강이 한눈에 내려다보이는 북향집을 선택했다. 세계 최고 수준을 자랑하는 우리나라의 기술력이라면 북향집이라도 겨울에 춥지 않고 여름에 덥지 않은 아파트를 지었을 것이라는 확신도 있었다.

그의 예상대로 냉·난방비 측면에서는 북향집이나 남향집이나 별반 차이가 없었다. 이러한 경제적 측면은 둘째치고라도 새로 이사한 북향집은 삶의 새로운 활력소가 되었다. 도도히 흐르는 한강을 바라보며 차라도 한잔 마시면 분위기 좋은 카페에서보다 훨씬 낭만적인 기분을 느낄 수 있었다.

현재는 한강을 조망할 수 있는 집들이 한강이 보이지 않는 다른 집들보다 2억~3억 원 더 비싸게 거래되고 있다. 조망권이라는 무형의 가치가 매매가에 반영되고 있는 것이다.

이처럼 부동산의 가치를 결정하는 요소도 세월 따라 바뀐다. 오늘날 부동산의 가치를 결정하는 최대 요소는 '입지'라고 할 수 있다. 땅이 어디에 위치해 있느냐에 따라 시세가 달라진다. 같은 단지의 아파트도 1층이냐, 10층이냐에 따라 그리고 무엇이 보이느냐에 따라 가격이 천차만별이다.

부동산 하수는 아직까지도 남향이나 동남향 집을 선호하는 경향이 강하다. 그러나 부자들은 예로부터 입지의 1순위였던 햇볕이 잘 드는 남향집만을 고집하지 않는다. 대신 조망 좋은 아파트에 투자한다.

그들은 고수답게 직관적으로 조망권 좋은 입지를 선호했던 것인데 현재는 아파트 가격에 조망권에 따른 프리미엄이 붙고 있다. 같은 동의 아파트라 해도 1층과 10층의 가격 차이가 큰 것도 이 때문이다.

방위보다는 조망을 우선시해라

우리나라에서 1970년대부터 본격적으로 지어지기 시작한 아파트는 남향집 일색이었다. 현재 서울의 강남 지역에 들어서 있는 아파트들은 대부분 한강을 등지고 서 있다.

예부터 우리나라 사람들은 남향집을 선호해 왔기 때문에 한강을 내려다볼 수 있도록 하기 위해 북향집을 짓는다는 것은 어림없는 소리였다. 하지만 1990년대 후반에 들어서면서 천편일률(千篇一律)적이던 아파트의 방위가 달라지기 시작했다. 북향집도 생겨나기 시작한 것이다.

부동산 고수들은 이러한 심리를 누구보다도 신속하고 정확하게 읽어냈다. 그래서 그들은 과감히 조망권을 고려한 투자를 시작했다. 자연경관이 우수한 곳을 바라볼 수 있다면 방위는 문제 삼지 않았다. 실제로 요즘은 실수요자들까지도 1층과 2층보다 조망이 좋은 10층을 선호한다. 같은 단지, 같은 동 아파트 1층은 매도하기가 어려운 반면, 조망이 잘 되는 층은 매도하기가 쉬운 편이다.

2000년대에 들어서면서부터 자연환경이 더욱 중요시되면서 지금은, 북향이라도 자연을 조망할 수 있도록 아파트를 짓고 있다. 서울을 비롯한 수도권 지역에서는 한 단지 안의 같은 동이라 해도 자연을 조망할 수 있는 아파트가 비싸다. 산을 비롯해 강, 호수, 바다, 골프장 등을 조망할 수 있는 무형의 권리는 앞으로도 아파트 가격에 큰 영향을 미칠 것이다.

부자들은 아파트에서 바라볼 수 있는 좋은 경관, 즉 조망권을 더 중요하게 생각한다. 이미 부동산 시장에선 조망권이 좋은 아파트는 별도의 프리미엄이 붙어 거래되고 있다. 부자들은 아파트에 투자할 때, 가격이 조금 비싸더라도 조망권이 좋은 아파트를 선택한다.

ⓐ 내가 살고 있는 아파트 투자가치 분석법

구분	내 용	A	B	C	D	E
1	2,000가구 이상 되는 아파트 단지	10	8	5	3	1
	소형(4), 중형(3), 대형(3)=서울	10	8	5	3	1
	소형(6), 중형(3), 대형(1)=수도권 / 지방	(10)	(8)	(5)	(3)	(1)
	임대 아파트가 혼재해 있다.					−5
2	교육환경이 우수하다.	10	8	5	3	1
	사교육 환경이 우수하다.	10	8	5	3	1
	유치원이 있다.	1				
	초등학교가 있다.	1				
	중학교가 있다.	1				
	고등학교가 있다.	2				
3	편의시설이 우수하다.	10	8	5	3	1
	종합병원이 있다.	5				
	백화점이 있다.	2				
	대형 마트가 있다.	3				
4	교통환경이 우수하다.	10	8	5	3	1
	지하철역(도보 5분 거리)	3				
	지하철역(도보 10분 거리)	1				
	버스정류장(도보 5분 거리)	1				
5	자연환경이 우수하다.	10	8	5	3	1
	대형 공원이 있다(한강 둔치 등)	5				
	조망권이 좋다.	5				
소 계						
종합점수 합계						

주1) 1번의 둘째, 셋째 항목 가운데서는 아파트가 위치한 지역에 따라 하나만 선택한다.

주2) 항목별로 A부터 E까지 체크한 후, 소계로 점수를 합산해 종합점수를 매긴다.

주3) 재건축 아파트는 제외한다.

주4) 종합점수가 90점 이상 : 투자가치 매우 좋음

　　　 종합점수가 80점 이상 : 투자가치 좋음

　　　 종합점수가 70점 이상 : 투자가치 양호

　　　 종합점수가 70점 미만 : 투자가치 없음

　　　 종합점수가 60점 미만 : 빨리 처분

상가 투자로
두 마리 토끼를 잡는다

종로에 살면서 부천에서 주유소를 하고 있는 W씨(55세)

그는 2005년, 상가 투자에 대해 제대로 알지도 못하는 상태에서 무작정 테마상가(3억 7,000만 원)에 투자했다. 그런데 매월 고액의 임대료를 받게 될 거라는 기대와 달리, 텅텅 비어 있는 상가의 관리비만 내야 했다. 상황이 이렇다 보니 하루하루를 한숨으로 시작해 걱정에 휩싸여 잠들곤 했다.

"3년간 연 12%의 수익률을 보장한다"는 분양회사의 말만 믿고 덜컥 상가 투자를 감행한 것이 문제였다. 1년 8개월이 넘도록 임차인을 구하지 못했고, 결국 큰 손해를 보고 처분했다. 이후에는 임대수익이 짭짤하다고 광고하는 테마상가에는 얼씬도 하지 않았다. 속은 쓰렸지만 비싼 수업료를 지불하고 한 수 배운 셈 치는 수밖에 없었다.

이렇게 실패를 경험했지만 금융자산만 가지고 있기에는 노후가 너무 불안했다. 그래도 상가 건물 하나쯤은 소유하고 있어야 안전할 것 같았다. 10년 전만 해도 1만 원으로 둘이서 점심식사 한 끼 정도는 거뜬히 할 수 있었다. 하지만 지금은 한 사람 밥값밖에는 되지 않는다. 그는 매년 물가가 고속으로 상승하고, 실물자산 가치가 올라가면서 상대적으로 화폐가치는 떨어지고 있다는 사실을 실감하고 있었다.

금융자산 위주로만 관리하다가는 은퇴 후의 삶이 불안할 거라는 생각이 뇌리를 떠나지 않았다. 그래서 상가 투자에 발 벗고 나서기로 결심했다.

마침내 6개월 정도를 찾아다닌 끝에 2007년, 종암동에 있는 3층짜리 근린상가(매입가 18억 5,000만 원)에 투자했다. 과거에 큰 실패를 맛본 경험이 많은 도움이 되었다.

현재는 건물을 리모델링한 뒤 3층 전체를 커피 전문점에 임대해주고 있으며, 매월 1,100만 원 정도의 임대료를 받고 있다. 상가 건물을 수리해 임대를 놓으니 자산가치도 자연히 상승했고, 중개업소에서는 투자 금액에 5억 원을 더 붙여서 매도하라고 얘기하고 있다. 자산가치를 지키기 위해 감행한 상가 투자가 성공을 거둔 것이다.

이처럼 부자들은 주택 투자에는 회의적이지만, 상가나 빌딩 투자에는 여전히 관심이 높다. 다만, 안정적인 수익을 기대할 수 있는 물건에만 투자한다. 최근의 투자 경향을 보면 주택 투자는 일단 접어두고 임대수익을 올릴 수 있는 상가나 빌딩에 관심을 보이고 있다. 금융자산보다는 실물자산인 상가건물이 자산가치를 지키는 데 더 유리하다고 생각하기 때문이다. 그러나 부동산 하수는 그저 은퇴 이후를 대비해 상가 투자에 나선다.

하지만 상가 투자에서 임대수익은 투자자의 이성을 마비시키는 경향이 있다. 임대수익이라는 미끼에 걸려 손해를 보는 소액 투자자들이 많은 것도 그런 이유 때문이다. 투자가치를 100% 보장해 주는 상가 투자란 존재할 수 없다는 사실을 명심하자.

부자들은 불황일수록 절대 상가를 놓지 않는다

우리나라의 경제 규모가 커지고 업종이 다양해지면서 상가의 종류도 세분화되고 있다. 그만큼 상가 투자는 다른 부동산 투자에 비해 까다롭고 어려울 수밖에 없다. 상가의 종류를 보면, 전통적인 재래상가를 비롯해 근린상가, 한 종류의 상품만 판매하는 테마상가, 여러 가지 상품을 복합적으로 판매하는 복합테마상가, 단지 내에서 아파트를 주요 배후 상권으로 삼는 아파트상가, 상가와 주거시설이 복합된 주상복합상가 등으로 구분할 수 있다. 여기에 중·소형 빌딩까지 포함하면 상가 시장의 폭은 상당히 넓은 편이다.

더구나 최근에는 소액 투자자부터 큰손들까지 상가 투자 대열에 합류하고 있다. 해외 사모펀드를 비롯한 외국인 기관투자자들까지도 중·소형 빌딩을 매입하기 위해 열을 올리고 있다. 이미 광화문의 서울파이낸스빌딩과 강남파이낸스빌딩은 싱가포르 투자청(GIC)에서 사들여 막대한 시세차익을 거두고 있다.

일부 해외 사모펀드들은 중·소형 빌딩 시장에도 진출하고 있다. 당연히 좋은 매물은 부족해지고, 가격은 가파르게 상승하고 있다. 강남 지역은 물론 광화문을 중심으로 한 강북 지역에서도 연면적 2,000㎡ 이상 되는 매물은 씨가 말라가고 있다. 대형 빌딩 가격이 올라가고 있는 이유다. 여기에 대학가 주변와 역세권 등 인기 지역의 중소형 빌딩까지도 공급이 부족해 상한가를 달리고 있다.

부자들은 단순히 임대수익만을 노리고 상가에 투자하지 않는다. 그들은 화폐가치 하락에 따른 자산가치 하락의 위험을 분산시키기 위해 실물자산인 상가 건물에 투자하는 것이다. 그러므로 임대수익보다는 자본수익을 올릴 수 있는 상가에 투자하는 게 현명하다.

임대료보다 땅값 상승의
극대화를 노린다

재미교포 A씨(57세)

한국과 미국을 오가며 20년째 무역업을 하고 있는 그는 한인 교포 사회에서는 그저 평범한 동네 아저씨로 통한다. 이 평범한 아저씨가 실물자산 투자의 귀재라는 사실은 아무도 모른다.

2004년, 서울의 상가 건물에 투자하기 위해 미국에서 400만 달러(1달러 1,200원 기준)를 가져왔다. 투자 지역을 물색하던 중 강남 지역의 차병원 사거리를 주목하게 되었다. 당시만 해도 활성화된 지역은 아니었지만, 7~8년 후에는 강남 지역을 관통해 김포공항까지 연결되는 지하철 9호선이 들어설 예정이었다.

투자가치가 있는 지역이라고 판단한 그는 한 달 가까이 발품을 팔아가며 고생한 끝에 7층짜리 상가 건물이 매물로 나온 것을 발견했다. 계약하는 당일 매매가를 협상하는 매도인이 가격을 일방적으로 1억 원이나 올리는 바람에 투자를 포기할 수밖에 없는 상황에 이르기도 했지만, 많은 우여곡절을 겪으면서 당초 매매가대로 대출 20억 원을 끼고 상가 건물(59억 5,000만 원)을 매입하는 데 성공했다. 당장의 임대수익은 적게 나오는 상가였지만, 미래가치는 충분해 보였다.

일반적으로 상가 건물에 투자하는 사람들의 목적은 임대수익과 자본수익(시세차익)이라는 두 마리 토끼를 잡는 것이다. 그러나 그가 3억 2,000만 원을 추가로 들여 매입한 상가 건물을 수리한 것은 임대수익을 올리기 위함이 아니었다. 자본수익을 극대화하기 위한 것이었다. 새롭게 건물을 단장한 후에도 임대수익률은 3%에도 미치지 못했다. 하지만 그는 전혀 신경 쓰지 않았다. 처음부터 임대수익보다는 자본수익의 극대화를 노리고 있었기 때문이다.

그 후, 그의 예상대로 김포공항에서 신논현까지 지하철 9호선의 1단계 구간이 개통되었고, 나머지 2단계 구간이 2014년 개통을 목표로 공사가 진행되고 있다. 그는 이쯤 되면 투자한 상가 건물에 지하철 개통에 따른 호재가 어느 정도 반영되었을 것이라고 생각했다.

마침내 2010년 5월, 상가 건물을 120억 5,000만 원에 과감하게 처분했다. 건물 수리 비용, 세금 및 각종 공과금을 제하고도 투자 기간 5년 만에 83%의 자본수익(41억 원)을 올린 것이다.

이처럼 부자들은 당장의 높은 임대수익에 연연하지 않고, 미래의 자본수익에 투자한다. 또한 이미 활성화된 상권보다, 5~6년 뒤에 확실하게 활성화될 미래의 상권을 더 선호한다. 또한 자본수익을 극대화하기 위해 건물을 수리하는 데 돈을 아끼지 않는다. 지금 당장 건물 수리에 큰돈이 든다 해도 미래의 자본수익을 생각한다면 푼돈이기 때문이다.

그러나 부동산 하수는 미래의 자본수익보다는 당장의 임대수익에 연연한다. 임대수익에만 관심을 갖다 보니 미래의 금맥 상권을 골라낼 줄 모른다. 건물 수리도 마찬가지다. 임대수익을 높이기 위해서 비용을 지출하는 경향이 강하다. 작은 임대수익에 눈이 멀어 큰 부자가 되지 못하는 것이다.

상가에 투자할 때는 그 어떤 부동산에 투자할 때보다도 이성적으로 판단해야 한다. 상가를 실제로 보러 나서는 순간부터 긴장의 끈을 놓쳐서는 안 된다. 내 주변에도 단순히 유동인구만 보고 투자를 결정했다가 큰코다친 사람들이 수두룩하다.

예를 들어 유동인구가 많은 명동을 비롯해 동대문 또는 남대문의 상가들이 100% 수익성을 보장해 주는 것은 아니다. 반면 청담동 상가들은 유동인구가 뜸하지만 오히려 임대수익은 높은 편이다.

상가 거래를 시작하는 단계에서는 다툼이나 불협화음이 빚어질 수 있고 자칫 분쟁으로 치달을 수도 있다. 상가 투자를 할 때는 신중하게 이성적으로 판단해야 하는 이유다. 부자들은 부동산 계약을 진행하는 단계에서는 몸을 낮추고 또 낮추며, 감정 때문에 투자를 망치는 일은 없다.

상가 투자를 할 때는 적어도 2,000세대 이상의 아파트 단지 내에 있는 상가에 투자하는 것이 안정적이다. 업종에 따라 층과 입지에 차이가 있긴 하지만 아파트 주출입문에 가까운 곳이 좋다. 또 대단위 배후 상권이 있는 택지지구 내 근린상가도 관심을 가질 만하다.

그리고 부동산 침체기에는 대형 쇼핑몰이나 전문상가의 분양에는 되도록 투자하지 않는 편이 좋다. 대규모 상가는 실물경기에 직접적인 영향을 많이 받기 때문이다. 그리고 노후를 대비해 부동산에 투자할 때는 보수적으로 안전한 상품에 투자하고 반드시 여유자금을 남겨놓아야 한다.

수익성과 안정성을 모두 갖춘 상가 투자가 답이다

상가 투자에 실패하지 않으려면 최고로 활성화된 상권과 유동인구가 많은 상권의 상가가 매물로 나왔다고 해서 덥석 투자해서는 안 된다. 또한 높은 임대수익을 손쉽게 거둘 수 있다는 얘기에 혹해서도 안 된다. 돈을 벌어보겠다는 욕심에 사로잡히면 곧 충동적인 투자를 하게 되며, 그 순간 이성은 사라지고 실패의 덫에 걸려들게 된다.

부자들은 절대 임대수익의 덫에 걸리는 일이 없다. 또한 매월 들어오는 임대수익에 일희일비하지 않는다. 임대수익보다는 자본수익에 초점을 맞추는 투자를 하자.

부자들이
좋아하는 상가 & 싫어하는 상가

둔촌동에 사는 초등학교 교사 D씨(49세)

세상물정 모르고 공부만 한 그도 은퇴 이후의 삶은 이만저만 걱정되는 게 아니었다. 그래서 부동산 투자 좀 한다는 주변 사람들의 추천으로 상가에 투자하기로 결심했다. 하지만 당시 동료 선생님들은 상가 투자는 위험하다고 말렸다.

당시 동대문의 G쇼핑몰의 분양 사기 사건이 터져 상가 건물에 대한 투자 주의경보가 내려진 상황이었다. 여기에 동료들은 상가는 임차인을 비롯해 관리할 것이 많고, 임대료를 체납하는 임차인들도 많기 때문에 투자하지 않는 것이 좋다는 충고까지 했다. 이런 상황에서 그는 이러지도 못하고 저러지도 못한 채 상가 투자를 망설이고 있었다.

하지만 그는 상가 투자를 포기하지 않았고, 학교 수업이 없는 주말 내내 서울 전역을 휘젓고 다니며 시장 조사를 하면서 상가 투자에 대한 자신감을 얻었다. 종로를 비롯해 동대문시장과 남대문시장의 분양 상가도 기웃거려 보면서 유동인구의 수가 상가 투자의 성패를 가르는 요소가 아니라는 사실도 알게 되었다. 임차인을 구하지 못해 비어 있는 상가도 봤고, 배후 상권이 좋아 임차인들이 줄지어 대기하고 있는 상가도 봤다.

그렇게 발품을 판 덕분에 어떤 종류의 상가에 투자하느냐에 따라 성공과 실패의 명암이 갈린다는 사실을 알게 되었다. 어떤 종류의 상가가 투자가치가 있는지를 판단하는 안목을 기른 것이다. 결국 배후 상권이 잘 형성된 대학가 주변을 눈여겨보게 되었다. 그리고 드디어 2010년 9월 경희대 앞에 있는 오래된 3층짜리 근린상가를 매입(26억 5,000만 원)했다.

그는 그 건물에 투자하기 전까지 현장 답사를 20번도 더 했다. 철저히 검토하여 신중히 투자를 결정하기 위해서였다. 보증금 1억 4,000만 원에 월 500만 원 정도의 수익이 나오는 상가였지만, 건물 수리 비용으로 1억 2,000만 원 정도를 더 투자했다. 근린상가의 장점은 소유자가 리모델링 등을 통해 자산가치를 높일 수 있다는 데 있다. 지금은 건물 전체를 커피 전문점인 파스쿠찌에 임대해 주고 있다.

이처럼 부자들은 재건축이나 리모델링 등을 통해 자산가치를 끌어

올릴 수 있는 근린상가를 유독 좋아한다. 그러나 부자가 되지 못한 사람들은 위험이 도사리고 있을 것 같은 상가, 오래된 근린상가는 쳐다보지도 않는다. 또한 투자수익이 좋다는 얘기에 혹해 가시가 돋친 먹잇감을 덥석 물어버려 손해를 자초하기도 한다.

처음으로 상가 투자에 나서는 부자들 또한 물론 어느 정도 두려움을 느끼지만, 이를 피하기보다 친숙해지기 위해 노력한다. 그리고 오래된 상가라고 외면하지도 않는다.

일반적으로 부동산 하수들은 주로 테마상가, 복합테마상가, 아파트상가, 주상복합상가 등에 관심을 기울이지만, 옥석을 가리기란 쉽지 않다.

예를 들어 주로 액세서리, 의류, 전자제품 등 단일 품목을 취급하는 테마상가는 영세상인들끼리 동일 품목을 가지고 치열한 경쟁을 벌이기 때문에 마진이 줄어든다는 단점이 있다. 또 이런 상품들은 유행이 빨리 바뀌므로 재고에 대한 부담 때문에 경영을 중도에 포기하는 업주들이 많이 생긴다. 이는 임대수익이 떨어지는 요인이 된다.

그러나 가구수가 많은 아파트상가는 배후 상권이 보장되어 있으므로 임대수익이 안정적인 편이다. 그리고 소액 투자자가 안전하게 투자할 수 있는 유일한 상가이기도 하다.

ⓐ 상가의 종류

종 류	개 념
근린상가 및 중·소형 빌딩	세탁소, 미장원, 병원, 약국 등의 업종이 들어서 있는, 1~5층 규모의 상가 건물
테마상가	의류, 전자, 액세서리 등 단일 업종으로 구성되는 대형 상가 건물
재래상가	남대문시장처럼 오랜 세월에 걸쳐 형성된 시장상가
주상복합상가	주거와 상가가 혼합된 아파트상가
아파트단지상가	아파트 단지 내에 들어서 있는 상가
주택상가	단독주택지에 들어서는 주택과 상가가 결합된 상가

상가 건물은 오래될수록 관리 비용이 증가하기 마련이다. 게다가 오래된 건물은 상인들이 임차를 기피해 제대로 된 임대료도 받을 수 없을 뿐만 아니라 공실률도 높은 편이다. 이런 상가 건물은 관리하기 힘들 뿐만 아니라 수익성도 떨어지기 때문에 소유자들은 빨리 처분하고 싶어한다. 그러나 리모델링을 통해 새 건물로 재탄생시키면 자산가치가 증가하고 임대수익까지 끌어올릴 수 있다.

그렇다고 무조건 오래된 상가가 좋다는 것은 아니다. 오래된 상가일수록 상권 분석을 더욱 철저히 해야 한다. 배후 상권이 뒷받침하고 있으며 재개발 등을 통해 상권이 깨어날 가능성이 있으면, 매력적인 투자처라고 할 수 있다.

오래된 대학가 상권은 황금 상권으로 분류되며, 미래가치 또한 크다. 대표적으로 신촌의 연세대, 이화여대 앞 상권이 꼽히며, 홍익대 앞 상권도 주목해야 한다. 여기에 안암동 고려대 앞 상권, 휘경동 경희대 앞 상권도 눈여겨볼 만하다. 한편, 상가 건물은 일반 매물보다 급매로 나온 것을 싸게 사는 것이 좋다.

특히 건물을 개·보수하여 자산가치를 높일 수 있는 물건이 재테크에 가장 유리하다. 그러나 중·소형 상가 건물을 매입하는 데도 지역에 따라 수십억 원의 돈이 들어가는 만큼 매입 자금, 수선비, 금융 비용 등을 감안하여 자금 계획을 세워야 하며, 은행 돈을 빌릴 경우에는 금리도 따져봐야 한다.

당장의 임대수익보다 미래가치를 따져라

부자들은 좋아하는 상가와 싫어하는 상가가 따로 있다. 임대수익이 아무리 높아도 싫어하는 상가에는 투자하지 않는다. 계속 반복하는 말이지만, 부자들은 당장의 임대수익보다는 미래가치를 더 중요한 투자의 잣대로 삼는다. 거듭해서 말하지만, 미래가치는 부동산에 투자할 때 고려해야 할 가장 중요한 요소다. 지금 당장은 허름하고 볼품없어 보이더라도 미래가치가 높은 근린상가를 주목해라.

한 평의 땅을 사더라도 꼼꼼하게

청담동에 사는 Y씨(79세)

그는 여느 샐러리맨들처럼 평범한 회사원으로 시작했지만 지금은 수백억 원을 모은 부자다. 그가 직장 생활을 하던 1960~1970년대에는 예금과 적금이 유일한 재테크 수단이었다. 하지만 그는 이러한 저축 재테크가 답답하게 느껴졌다. 그래서 시간이 좀 오래 걸리더라도 큰 수익을 얻을 가능성이 높은 땅에 투자하기로 했다.

우선 그는 한남동에서 배를 타고 강남으로 건너가 평당 2,000~3,000원 하던 땅을 사들이기 시작했다. 돈을 모으는 방법으로 오로지 땅 투자만을 고집한 것이다. 그가 땅 투자만을 고집한 이유는 강남 지역이 개발될 것이라는 확신이 있었기 때문이다. 1970년대 강남이 본격적으로 개발되면서 그의 땅 투자 전략은 빛을 보기 시작했다. 지금은 남들이 알아주는 수백억 원대 부자가 됐다. 명동에 알짜배기 4층짜리 상가 건물(대지 148.76㎡, 매매시세 150억 원)을 소유하고 있으며, 청담동에도 5층짜리 상가 건물(대지 495.86㎡, 매매시세 180억 원)을 소유하고 있다. 임대소득만 매월 1억 2,000만 원 정도를 올리고 있다.

수원에 사는 E씨(66세)도 예외는 아니었다. 그는 어려서부터 가정형편이 어려워 부모님에게 도움을 받기는커녕 소년가장 역할을 해야 했다. 생계를 위해 멀쩡히 다니던 학교도 포기해야 했다. 그러다 보니 돈의 중요성을 일찍부터 알게 되었으며 어른이 되어서도 자연스럽게 재테크에 관심이 많아질 수밖에 없었다.

그는 공사판에서 막일을 하면서도 꼭 집안을 일으키겠다는 꿈이 있었기에 현실에 좌절하지 않았다. 때론 불어터진 라면으로 끼니를 때우고 곰팡이가 슨 빵을 먹어가며, 종잣돈을 모으는 것을 최대의 낙으로 삼았고 그에 청춘을 걸다시피 했다. 그렇게 자신 한 몸 건사하기에도 힘들었지만 어렸을 때의 가난을 잊지 않고 불우한 이웃을 위한 봉사활동에도 적극적이었다.

그는 그렇게 10여 년 동안 힘들게 일하며 일정 규모의 종잣돈만 생기면 무조건 땅을 사들였다. 이렇게 고생한 덕분에 지금은 수원에서 그의 이름을 모를 사람이 없을 정도로 유명한 알부자가 될 수 있었다. 주변에서는 '노력형 부자'라고 칭찬이 자자하다.

지난해에는 일부 토지가 수용되어 토지보상금을 100억 원이 넘게 받았지만, 아직도 경기도 화성을 비롯해 판교 일대에 소유하고 있는 땅이 수만 평에 달한다.

이처럼 부자가 되는 사람들은 고생을 하면서도 한 푼 두 푼 모아가며 묵묵히 땅에 투자한다. 당장의 과실을 따 먹는 데 열을 올리지 않고 작은 씨앗에 투자하는 것이다.

월가의 억만장자 조지 소로스(George Soros)의 재귀성(Reflexivity) 이론에 따르면, 사람은 실제 현실과는 다른 머릿속에서 상상하는 현실을 근거로 판단을 내리는 만큼 자신이 생각하는 현실이 실제 현실에도 영향을 미친다고 생각한다고 한다.

이는 한국의 땅 부자들에게도 들어맞는다. 씨앗을 뿌릴 때부터 평소의 생각을 차곡차곡 실행에 옮겼다. 그러나 부자가 되지 못한 사람들은 당장의 이익에 눈이 멀어 장기적 안목을 요하는 씨앗을 뿌리는 투자를 하지 못한다.

한때 많은 사람들이 땅 부자를 꿈꾸며 토지 시장을 기웃거렸다. 이 때문에 강원도를 비롯한 경기도와 충청권의 일부 지역은 몸살을 앓았다. 그런데 지금은 상황이 많이 달라졌다. 돈이 몰려다니고 있지만, 그렇다고 만만하게 투자할 땅을 찾기란 매우 어렵다. 투자수익을 얻을 수 있는 땅을 찾기가 생각처럼 쉽지 않기 때문이다.

그래서 부자를 꿈꾸는 사람들은 요즘 속이 타 들어간다. 투자를 하자니 불안하고, 투자를 안 하자니 손해 보는 느낌이 들기 때문이다. 그렇다고 아파트에만 투자하자니 세금 부담 때문에 망설여진다.

"아무 곳에나 사놓은 땅으로 몇 배의 투자수익을 냈다"는 얘기는 한 귀로 듣고 한 귀로 흘려버려야 한다. 땅에 투자해 돈을 벌었다는 얘기를 주변에서 쉽게 들을 수 있지만, 사실이 과장되어 떠돌고 있을 뿐 실제로 투자에 성공한 사람은 많지 않다. 땅 투자는 말처럼 쉬운 일이 아니기 때문이다.

일부 부자들은 땅에 투자해서 큰 수익을 거두었다. 하지만 땅에 투자한 사람들이 다 부자가 된 것은 아니다. 이들은 아무 지역의 땅이나 무턱대고 사들이는 '묻지 마 투자'는 절대 하지 않았다. 단 한 평의 땅을 사더라도 꼼꼼하게 고르고, 이성적으로 분석하고, 철저하게 따졌다.

세계에서 부자들에 대한 편견이 가장 심한 나라가 한국이라고 한다. 하지만 우리나라의 땅 부자들 또한 처음부터 부자는 아니었다. 마냥 부정적으로 바라볼 것이 아니라 그들이 부를 성취해 가는 치열한 과정과 노력을 배워야 한다. 그들이 부자일 수 있는 것은 처음부터 '부'를 가지고 시작했기 때문이 아니라 부자의 자리에서도 더욱 큰 부자가 되기를 꿈꾸었기 때문이다. 부를 경멸하는 태도를 보이는 사람은 신용할 수 없다. 부를 얻는 데 실패한 사람이 부를 경멸하는 것이다.

파레토법칙(Pareto's Law) 또는 80대 20의 법칙은 '전체 결과의 80%가 전체 원인의 20%에서 일어나는 현상'을 가리킨다. 우리나라 토지의 소유 현황도 파레토법칙에 빗댈 만하다. 20%의 부자가 토지의 80% 이상을 소유하고 있다고 해도 과언이 아니다. 옛날부터 땅은 권력과 부의 상징이었으며, 오늘날에는 부의 상징으로 굳건히 자리매김되었다.

이처럼 땅은 소박하게 전원 생활을 꿈꾸는 실수요자들뿐만 아니라 부자가 되고 싶어하는 사람들에게도 지대한 관심의 대상이다. 그런데 땅은 다른 부동산에 비해 투자하기가 그만큼 까다롭고 어렵다는 것을 알아야 한다.

땅 투자로 부자가 된 사람들을 보면 대부분 장기 투자 전문가들이다. 일반적으로 부자가 아닌 사람들은 하루라도 빨리 투자한 돈을 회수하고 싶어 안달이 나기 마련이다. 그러나 땅은 다른 부동산에 비해 현금화하는 데 시간이 많이 걸린다. 적어도 투자 기간을 5~10년 이상은 잡아야 한다. 이처럼 땅에 투자할 때는 느긋하게 기다릴 줄 알아야 한다는 사실을 부동산 고수들은 너무나 잘 알고 있다.

하지만 부동산 하수들은 소유권을 이전한 지 몇 개월도 지나지 않아 매도하지 못해 안달한다. 또한 약간의 시세차익을 붙여 되팔아주겠다는 얘기에 유혹당하는 사람들도 많다. 이렇게 속전속결로 단기차익을 얻으려는 사람들은 약간의 수익은 얻을 수 있지만 결코 부자가 될 수는 없다. 단기 투자로 성공하고 싶다면 주식시장으로 눈을 돌리는 것이 낫다.

부자들은 땅에 투자할 때 절대로 고집을 부리지 않는다. 설령 가격이 좀 비싸더라도 미래가치가 충분하다면 투자한다. 하지만 부자가 아닌 사람들은 도드라지게 고집을 부린다. 매입가에 유별나게 집착하며, 얼마가 아니면 안 된다는 식으로 매입가의 선을 긋는다.

부자가 되려면 씨앗에 투자해라

부자들은 시간이 걸리더라도 정성 들여 씨앗을 뿌리고, 가꾸며 노력한다. 씨앗을 뿌리기 전부터 허황된 과실을 거둘 생각도 하지 않는다. 그러나 부자가 아닌 사람들은 씨앗을 뿌리기 전에 수익부터 생각한다.

또한 무조건 씨앗을 뿌리지도 않는다. 예전에는 아무 데나 땅을 사놓고 세월만 기다리면 가격이 올라갔다. 그렇지만 부자들은 1960~1970년대의 강남 개발 시대는 끝났다는 사실을 잘 알고 있다.

이들은 개발 정보에 현혹되지 않고 합리적인 방법으로 미래가치를 분석하고 투자에 나선다. 그러나 부자가 아닌 사람들은 아직도

1960~1970년대 강남 개발 시대의 환상을 가지고 투자에 나선다. 그래서 합리적인 투자 방법을 찾기보다는 개발 정보를 좇는 데 더 열중하고 있는 것이다.

'고급 정보'에 혹하지 않고
실체를 확인한다

미국에서 돌아온 M씨(48세)

대기업 임원으로 재직하고 있는 그는 현재 전셋집을 전전하며 소문의 노예가 되었던 대가를 치르고 있다. 2003년, 그는 업무차 해외 주재원으로 나가게 되었다. 당시 살고 있던 문정동 아파트(85㎡, 당시 시가 4억 3,000만 원)는 전세를 놓을 예정이었다. 그런데 중개업소에서 아파트를 처분해 행정도시가 들어설 지역에 땅을 사라고 권유했다. 5년 정도만 보유하고 있으면, 4~5배 정도 수익이 생길 것이라고 귀띔도 해줬다.

그는 5년 후면 주재원 소임을 마치고 귀국하는 시기와도 일치하기도 해서 마음이 확 끌렸다. 나름대로 확인을 해봤더니 행정도시를 꼭 만들고 말겠다는 정부의 의지가 강하고, 전문가들은 그 후보지로 오송·오창 지역이 유력하다고 입을 모았다. 현장에 내려가 봤더니 땅을 안 사면 천하의 바보가 되겠다는 느낌이 들 정도로 입지 조건이 좋았다. 이런 입지 조건을 현장에서 직접 확인한 그는 욕심이 앞서 서울로 돌아온 즉시 아파트를 처분해 버리고 말았다.

아파트를 처분한 자금으로 임야 1,983㎡(600평, 4억 2,000만 원)를 매입하고 홀가분한 마음으로 가족과 함께 미국으로 떠났다. 그는 오송·오창 지역에 행정도시가 들어설 것이라는 소문만을 굳게 믿고 전 재산을 투자했던 것이다. 그러나 행정도시가 들어설 지역은 연기·공주로 결정됐고, 땅값은 3분의 1 수준으로 떨어졌다. 땅을 처분하려고 해도 팔리지 않아 귀국 후 전셋집을 전전하고 있는 것이다.

이처럼 부동산 하수 중에는 소문의 노예가 되어 전 재산을 홀랑 날리는 이들이 많다. 전국의 어느 지역을 막론하고 확정되지 않은 개발 계획 한두 개씩은 있기 마련이다. 이렇게 확정되지도 않은 청사진에 열광하다 땅을 치며 후회하는 투자자들이 즐비하다.

아무리 부자가 되고 싶어도 소문에 휩쓸려 전 재산인 아파트를 처분에 확정되지도 않은 땅에 투자하는 것은 어리석은 일이다. 부자들은 확정되지도 않은 도시개발에는 흥미를 갖지 않는다. 더군다나 전 재산을 소문만 믿고 투자하거나 소문의 노예가 되는 일은 절대로 없다.

우리는 정보가 곧 돈으로 연결되는 시대를 살고 있다. 지금은 땅에 대한 정보가 넘쳐나고 있다. 인터넷, 온라인 동호회, 문화 강좌, 전문 강좌 등 어디서건 쉽게 얻을 수 있다. 하지만 각종 감언이설로 당신의 돈을 빼앗아 가려는 사람들이 도사리고 있다는 것을 명심하라.

당신의 돈을 빼앗아 가려는 사람들은 당신에게만 알려주는 '고급 정보'라는 솔깃한 말로 유혹하며 접근한다. 그런 정보들은 대부분 신도시 개발계획으로 포장되어 있다. 부자들은 겉만 번드르르한 포장을 벗겨서 실체를 확인한 후 투자에 나서는 신중함이 있다. 그러나 부자가 아닌 사람들은 고급 정보라는 허황된 포장에 쉽게 넘어간다.

물론 땅에 대한 투자는 개발계획이 확정되기 전에 하는 것이 수익성이 좋을 것이다. 하지만 그렇게 높은 수익이 보장되는 개발계획이라면 빚을 내서라도 자신이 투자할 것이지, 왜 당신에게 투자를 권유하겠는가. 그런 달콤한 말로 당신을 유혹하는 이들은 십중팔구 확정되지도 않은 허위 또는 과장된 정보를 미끼로 당신의 돈을 가로채려는 사람들이다.

직접 확인한 사실들에만 의존해서 투자하라

부동산 고수는 자신들이 직접 확인한 사실을 바탕으로 투자에 나선다. 절대 다른 사람들이 얘기해 주는 소문에 휩쓸리거나 소문을 부풀려가며 투자에 나서지 않는다. 설령 개발계획이 확정되더라도 사업 추진 속도 등을 감안해 투자한다. 백번 생각하고 투자에 나서도 손해를 보는 사람들이 수없이 많은 것이 현실이기 때문이다.

　돈이 되는 땅은 만나지 못해 괴롭고, 돈이 되지 않는 땅은 만나서 괴로운 법이다. 소문에 휩쓸려서 한 투자는 십중팔구 실패로 끝난다는 사실을 잊어서는 안 된다.

빈 땅일수록
더 철저하게 관리한다

역삼동에 살고 있는 M씨(52세)

사당동에서 가구 대리점을 하고 있는 그는 17년 전 선친이 농사짓던 땅 9,900㎡(임야 3,000평)를 상속받았다. 하지만 사업이 바쁘다는 핑계로 고향에는 겨우 1년에 한 번 정도 내려가다 보니 땅을 제대로 관리할 수 없었다. 그렇다고 상속받은 땅을 팔기도 뭣해 별 대안 없이 내버려둘 수밖에 없었다.

그런데 언제부터인가 자기 땅에서 농사를 짓고 있는 사람이 있다는 것을 알았다. 확인해 보니 고향 친구인 J씨가 농사를 짓고 있었다. 그는 농사를 짓는 사람이 친구였기에 특별한 대응을 하지 않았다. 농사를 짓는 대가로 지료를 받지도 않았고, 임대차계약서도 만

들어놓지 않았다.

그사이 아산에 삼성전자 공장이 생기고 지역이 개발되면서 땅값은 금값이 되었다. 상속받을 당시보다 가격이 20배 정도(3.3㎡당 5,000원에서 10만원) 상승한 것이다. 그러던 어느 날, 고등학교 동창 모임에 나갔다가 땅을 오랫동안 다른 사람이 점유하면서 농사를 짓거나 사용하면 소유권을 뺏길 수 있다는 말을 듣고는 깜짝 놀랐다. 그러나 이미 그 땅은 친구의 것인 양 되어 있었다.

이처럼 많은 사람들은 오래된 땅에 큰 관심을 두지 않는다. 땅만 사놓고 방치해 두는 이들이 많다. 관리도 하지 않으면서 가격이 올라가기만을 바라는 사람들, 심지어 물려받은 땅이 어디에 붙어 있는지조차 모르는 사람들도 많다.

이렇게 자신이 소유한 자산에 관심이 없다면 부자가 될 확률은 희박해질 수밖에 없다. 그러나 부자가 되는 사람들은 다르다. 잘 모르는 부분은 배우려고 노력하며, 알면서 관리를 소홀히 하는 일은 결코 없다.

그렇다. M씨의 경우처럼 다른 사람이 오랫동안 땅을 사용하면 땅을 빼앗길 수도 있다. 이를 두고 우리나라 민법에서는 다음과 같이 정의하고 있다.

"다른 사람 소유의 땅을 오랫동안 점유하면서 농사를 지어왔다면,

점유자는 그 땅의 소유권을 취득하게 된다."

이것을 법률적인 용어로 '점유시효취득'이라고 한다. 그런데 점유취득시효로 인정받으려면 법에서 정한 사항에 부합해야 한다. 우선 땅을 사용한 기간이 최소한 20년 이상이 되어야 한다. 그리고 어떠한 계약도 하지 않고 땅을 사용하는 대가도 지불하지 않고 '소유의 의사'로 사용해야 한다. 민법에서는 점유로 인한 부동산 소유권의 취득 기간이나 내용을 다음과 같이 정하고 있다.

"20년간 소유의 의사로 평온(平穩)·공연(空然)하게 점유하는 자는 등기함으로써 그 소유권을 취득하게 된다(민법 제245조 1항)."

여기서 '평온'이란 말은 땅을 사용하기 위해 폭력을 사용하거나 물리적인 힘을 사용하는 등 소유자의 의사에 반해 강제로 사용하지 않아야 함을 의미한다. 또한 '공연'은 소유자 몰래 땅을 사용하는 것이 아니라, 소유자뿐만 아니라 누구나 알 수 있도록 떳떳하게 사용하는 것을 말한다.

따라서 M씨가 고향 친구인 J씨에게 계약을 맺자고 제안하거나 구두 또는 문서로써 이의를 제기한 적이 없기에 만약 땅을 사용한 기간이 20년이 넘었다면, J씨가 '점유취득시효'로 소유권을 주장할 수 있다. J씨는 20년 동안 '소유의 의사'로 평온·공연하게 땅을 점유하고 있었던 것이 되기 때문이다.

하지만 현재 J씨가 농사를 지은 기간이 20년이 안 되었기 때문에 다행히 소유권을 지킬 방법은 있다. 현재의 상태대로 계속 J씨에게 아무런 대가나 계약 조건 없이 농사를 지을 수 있도록 한다면, 소유권을 잃어버리게 된다.

다시 말해 M씨가 토지에 대한 권리를 일정 기간 행사하지 않는다면 땅에 대한 권리를 상실할 수 있다는 점에서 주의가 필요하다. M씨가 그 땅의 소유자로서 권리관계를 명확히 해둘 필요가 있다.

지금부터라도 땅을 사용하고 있는 J씨에게 토지사용료(지료)를 받든지 계약서를 작성하든지 하여 J씨가 '소유의 의사'로 땅을 점유하고 있지 않다는 사실을 명백히 밝혀두면 J씨는 '점유취득시효'로 인한 소유권을 주장할 수 없고, M씨는 안전하게 소유권을 지킬 수 있다.

부자들은 돈이 안 되는 땅도 방치하지 않는다

부자들은 처음부터 돈이 많았기 때문에 부자가 된 것이 아니다. 그들은 어느 정도 부를 이룩한 뒤에도 더욱 큰 부자가 되기 위해 노력했기 때문에 부자가 된 것이다. 그래서 그들은 지푸라기 하나도 소홀히 하지 않는다. 그들은 빈 땅도 철저하게 관리한다. 직접 관리하기 어려울 경우에는 농지은행에 맡겨 현명하게 관리한다.

또한 현지 주민이 점유하면서 농사를 짓고 있어도 이들과 계약을 맺어 '점유취득시효'를 사전에 차단시킴으로써 땅을 안전하게 지킨다. 지금 당장 돈이 안 되는 빈 땅이라 할지라도 무작정 방치하지 마라. 모든 땅에는 '점유취득시효'가 있다는 사실을 잊지 말자.

땅 구입 시 가장 먼저
챙겨야 하는 게 있다

부자로 소문난 대학 교수 A씨(52세)

오래전 그는 전원주택을 지을 목적으로 경기도 지역에 있는 땅(1,024㎡, 3.3㎡당 50만 원)을 매입했다. 우여곡절 끝에 인허가를 받아 터 파기 공사를 하던 중, 고려시대 것으로 추정되는 도자기가 나왔다.

이 사실을 해당 군청에 곧바로 신고했지만, 돌아온 것은 공사 중지 명령이었다. 전원주택 신축 부지가 '토지이용계획확인서'에 보전지구(문화재 또는 생태계를 보호하는 지역)로 명시되어 있어 건축 행위를 제한할 수 있다는 것이었다.

10년째 땅을 붓으로 훑고만 있어 아직까지도 전원주택은 신축할 엄두도 못 내고 있다.

이후 그는 땅 투자에 또다시 실패하지 않기 위해 토지이용계획확인서를 공부하면서 많은 것을 배웠다. 우리나라 땅은 이미 개발 가능한 땅과 불가능한 땅으로 나누어져 있다는 것도 알았다. 토지이용계획확인서만 잘 확인해 보고 투자해도 돈을 벌 수 있다는 소중한 사실을 알게 된 것이다.

2005년, 그는 용도지역과 용도지구, 용도구역을 잘 따져보고 화성에 있는 땅(3,966㎡, 3.3㎡당 70만 원)을 매입했다. 다른 사람들이 보기에 땅 모양은 신통치 않았지만, 토지이용계획확인서를 꼼꼼히 확인한 그는 투자가치가 있는 땅이라는 것을 직감하고 매입한 것이다. 2007년 아파트를 짓겠다는 시행사의 매수 의사를 받아들여, 4배 정도의 수익을 남기고 처분했다.

이처럼 부자들은 도로 옆에 붙어 있는 좋은 땅이라 해도 토지이용계획확인서를 떼 용도지역을 비롯해 용도지구, 용도구역 등을 꼼꼼히 확인한다. 용도지역 등의 종류를 보면 땅을 어느 정도까지 개발할 수 있는지 알 수 있기 때문이다. 그러나 부자가 아닌 사람들은 형식적으로만 토지이용계획확인서를 떼어 볼 뿐이다.

우리나라는 전국의 토지를 그 위치와 적성 및 기능에 따라 용도지역, 용도지구, 용도구역으로 구분해 놓고, 그 용도에 맞게 사용할 수 있게 하고 있다. 이렇게 용도가 지정되면, 그 목적에 따라 건축 행위

등 각종 토지 이용 행위가 구체적으로 제한된다(국토의 계획 및 이용에 관한 법률 제76조~제80조 참조). 용도지역과 용도지구에서는 각각 건축물의 용도를 비롯해 종류 및 규모를 제한하고 있다.

또 용도구역에는 각종 토지 이용 행위를 제한하는 사항이 나타난다. 토지이용계획확인서는 토지에 대한 공법상의 규제 상태를 확인할 수 있는 기본적인 장부다. 그렇다면 토지를 개발하는 데 걸림돌이 되는 규제 사항은 없는지, 건축물을 어느 정도 규모로 개발할 수 있는지 등을 분명히 따져봐야 한다. 규제가 없어야 좋은 땅이며 미래가치를 보장받을 수 있다. 따라서 토지이용계획확인서는 가장 먼저 확인해야 할 서류로, 투자의 길잡이 역할을 해준다.

토지이용계획확인서에 나타나는 용도지역은 도시지역, 관리지역, 농림지역, 자연환경보전지역으로 구분된다. 도시지역은 다시 세분화되어 여러 지역으로 나눠져 있다. 도시지역 중 투자가치는 상업지역이 가장 우수하며, 그 뒤를 이어 주거지역이 좋지만 보통 사람들은 가격이 워낙 비싸 투자할 엄두를 내기 힘들다. 그나마 적은 돈으로 투자해 미래가치를 보장받을 수도 있는 땅이 자연녹지지역이다.

도시지역과 마찬가지로 관리지역도 세분화되어 있다. 계획관리지역은 투자자들이 가장 선호하는 땅이다. 투자 비용 대비 미래가치가 높은 땅이기 때문이다. 농림지역과 자연환경보전지역은 투자보다는 실수요 목적으로 매입하는 땅으로 미래가치는 매우 적은 땅으로 보면 된다.

용도지구에는 경관지구를 비롯해 미관지구, 고도지구, 방재지구, 보존지구, 방화지구, 취락지구 등이 표시되는데, 해당 사항이 없는 땅이 좋다.

예를 들어 투자한 땅이 생태 및 문화재 보존지구로 되어 있다면, 당연히 개발 행위가 제한되므로 100년을 보유해도 수익을 낼 수 없을 것이다. 다만 용도지구 중 개발진흥지구 또는 아파트지구는 미래 가치가 좋은 땅이다.

용도구역은 건축 행위 및 토지의 형질 변경을 규제하는 제도로 개발제한구역을 비롯해 도시개발예정구역, 수산자원보호구역, 시가화조정구역 등이 있는데, 해당사항이 없는 땅이 좋다.

토지이용계획확인서를 꼼꼼히 챙겨봐라

부자들은 땅마다 그 특성이 제각각이라는 사실을 잘 알고 있다. 예를 들어 나란히 붙어 있는 땅이라 해도 똑같은 크기의 건물을 짓지 못할 수도 있다. 용도지역 등이 달라 용적률의 차이가 있을 수 있거나 개발에 제한이 가해질 수 있기 때문이다. 그래서 부자들은 토지이용계획확인서를 투자의 길잡이로 여긴다. 땅으로 부자가 되고 싶다면 먼저 토지이용계획확인서와 친숙해지자

토지대장에서 기회를 잡는다

압구정동에 사는 가정주부 H씨(54세)

2003년, 그는 지인의 소개로 여고 동창 다섯 명과 함께 충청남도의 땅에 투자했다. 2년 정도만 보유하다가 처분하면 3배 정도의 수익을 남길 수 있다는 말에 귀가 솔깃했던 것이다. 그래서 당시 현장도 확인해 보지 않은 채 투자를 결정했다. 빨리 계약하지 않으면 놓칠 수 있다는 얘기에 아무것도 확인하지 않고 매매계약서에 도장을 찍은 것이다.

그는 아파트를 처분한 돈(3억 3,000만 원)으로 땅(5,454㎡, 3.3㎡당 20만 원)을 매입했다. 그런데 3~4년이 지나도 땅을 사겠다는 사람이 없었다. 그래서 동창들과 함께 현장을 둘러보러 갔다가 그 자리에 주저앉고 말았다. 분명 사진으로 보았을 때는 보리가 심어져 있는 땅이었는데 실제로 보니 갈대밭이었다.

더 심각한 문제는 땅의 지목이 전(田)이 아니라 물이 흐르는 유지(流地)라는 사실이었다. 무식한 사람이 용감하다고 토지대장에 나타나는 지목이 뭔지도 모르고 덥석 투자한 결과였다. 전문가에게 자문을 구했으나 투자한 돈의 3배는 고사하고 10분의 1도 건지기 힘들 것이라는 핀잔만 들었다.

몇 년 뒤, 그는 선친에게 고향 땅을 증여받았다. 당시 두 오빠들은 땅 면적이 큰 임야(33,057㎡)와 하천(29,752㎡)을 각각 증여받았다. 그런데 그는 토지대장을 비롯해 각종 공부(公簿)를 확인하고, 땅 면적은 훨씬 작았지만 전(3,140㎡)을 물려받았다. 그는 2010년 23억 7,500만 원(3.3㎡당 250만 원)을 받고 그 땅을 처분했다.

이처럼 토지대장에 있는 지목이 중요한 이유는 지목을 통해 땅의 미래가치를 예측할 수 있기 때문이다. 토지대장은 토지의 현황을 명확하게 하기 위하여 토지의 소재지를 비롯해 지번, 지목, 지적 및 소유자의 주소·성명 등을 등록하는 공부다. 지목과 면적은 등기부등본에도 나타나는데, 토지대장과 일치하는지를 확인해야 한다.

지목은 28개(지적법시행령 제5조 참조)로 구분되어 있는데, 부자들이 선호하는 땅은 전, 답, 임야, 과수원, 잡종지 순이다. 반면 피하는 땅은 유지, 구거, 하천, 제방, 광천지 순이다. 땅의 면적이 일치하지 않을 때는 등기부등본이 아닌 토지대장이 기준이 되며, 등기부등본을 수정해야 한다.

예를 들어 삼성동 1번지의 면적이 토지대장에는 100㎡, 등기부등본에는 110㎡로 나와 있으면, 당연히 등기부등본에 표시된 면적이 잘못된 것이며, 경정등기를 통해 토지대장과 일치시켜야 한다.

토지대장에 미래가치가 있다

부자들은 투자에 실패하더라도 다시 실패하지 않기 위해 투자를 기피하는 것이 아니라, 오히려 실패할 수밖에 없었던 원인을 찾아내 부족한 부분을 보완하고 공부하며 다음을 기약한다. 그리고 기회가 찾아오면 절대로 놓치지 않는다. 이처럼 그들은 실패를 통해 반드시 교훈을 얻는다.

부자들은 우리나라의 땅이 28종으로 나누어져 있다는 사실을 알고 있으며, 지목의 종류가 무엇을 뜻하는지도 상세하게 공부한다. 땅의 지목만 보고도 미래가치를 알 수 있기 때문이다.

지적도에서
꼭 확인해야 할 것

땅 부자로 소문난 E씨(46세)

그는 신촌에서 제과점을 운영해서 번 돈으로 2002년, 강원도 평창의 땅(1,652㎡, 3.3㎡당 40만 원)에 투자했다. 현장을 방문해 매입하는 땅으로 도로가 진입할 수 있다는 것도 확인했다. 하지만 여름이라 농작물이 한창 자라고 있어 눈으로만 땅의 경계와 모양을 확인했다.

잔금을 치르고 펜션을 짓기 위해 인허가 신청을 했지만, 불가하다는 답변이 돌아왔다. 군청에 확인해 본 결과, 그가 매입한 땅 가운데 다른 사람 소유의 구거(도랑)가 있어 매입하거나 사용 허가를 받지 못하면 인허가가 불가능하다는 답변이 돌아왔다. 구거가 있는지 없는지 지적도를 통해 확인해 봐야 했다.

지적도를 떼어 보니 정말 기다란 모양의 구거가 있었고, 등기부등본상에는 소유자가 다른 사람의 이름으로 되어 있었다. 그 사람에게 구거를 매입한 후에야 펜션을 지을 수 있었다. 그는 그 후 땅에 투자하기 전에 반드시 지적도를 확인하는 습관을 들였다.

2006년 친구의 사업이 부도 처리되어 빌려준 돈을 못 받게 되었다. 친구는 경기도 여주 또는 용인에 있는 땅으로 대신 갚겠다고 했다. 그는 흔쾌히 응했다. 대신 겉보기에 좋아 보이는 용인 땅 말고 여주에 있는 땅으로 받았다. 지역만 놓고 봐서는 용인이 더 좋아 보였으나 지적도를 비롯한 각종 공부를 확인한 결과, 여주 땅이 미래가치는 더 높을 것으로 판단했기 때문이다.

그의 예상은 적중했다. 원래 길이 없던 땅에 도로가 생겨 3배 이상 가격이 올랐다. 반면 용인 땅은 도로에 붙어 있긴 하지만, 땅 모양이 길쭉했다. 여기에 접도구역으로 지정되어 있어 집을 짓기도 애매했다. 매년 공시되는 개별공시지가는 더 떨어진 상태다.

이처럼 부자들은 지적도에 나타나는 땅 모양이나 경계 등을 직접 확인하고 투자에 나선다. 땅이 도로 옆에 붙어 있다고 미래가치가 있는 것이 아니기 때문이다. 도로 옆에 있는 땅이라 해도 접도구역으로 지정되어 있으면 도로에서 일정한 간격을 띄고 건물을 신축해야 하기 때문에 건물이 들어설 수 없는 경우도 있기 때문이다. 부동산 고수는 이렇게 투자가치가 반감되는 땅에는 절대로 투자하지 않는다. 그러나 부동산 하수는 길 옆에만 붙어 있으면 최고의 땅으로 알고 투자에 나서기도 한다.

지적도에는 27종류의 지목이 표시된다. 일반적으로 축척은 1/500, 1/600, 1/1,000, 1/1,200, 1/2,400로 한다(지적법시행규칙 제11조 참조). 임야도에는 오로지 임야 한 종류의 지목만 표시되며, 축척은 1/6000을 사용하고 있다. 지적도와 임야도에는 토지의 소재를 비롯해 지번, 지목, 경계, 도곽선(지적, 즉 임야)도의 작성 기준이 되는 구획선) 및 도곽선 수치, 좌표로 계산한 경계점 간 거리 등을 표시한다(지적법시행규칙 제10조 참조).

이를 통해 토지의 모양과 주변 지역의 도로 상황을 파악할 수 있으므로 현장을 확인할 때 반드시 필요한 서류다. 지적도를 통해 확인해야 할 가장 중요한 사항은 땅의 모양이다. 땅의 모양이 직사각형인지 동그란지 확인해야 한다는 얘기다.

또한 주변 땅과의 인접 관계를 따져보고, 도로가 있는 땅인지 아니면 길이 없는 맹지인지 확인해야 한다. 땅 모양이나 경계가 지적도와 다른 경우에는 반드시 경계측량을 통해 바로잡아야 한다.

투자 전 반드시 지적도를 떼어봐라

부자들은 땅에 투자할 때 반드시 지적도를 떼어 본다. 지적도를 통해 땅의 모양과 경계 표시를 확인하고 내 땅 안에 다른 사람의 소유로 되어 있는 소규모 땅들이 있는지 확인한다. 또한 길에 붙어 있는지, 아니면 길이 없는 땅인지를 지적도를 통해 확인한다.

등기부등본을
믿지 않는다

개포동에 사는 L씨(50세)

전원주택을 지어 판매하는 사업을 하고 있는 그는 전원주택을 잘 짓기로 소문난 부자다. 지금도 경기도와 강원도 일원에 매년 10여 채 이상 전원주택을 지어 판매하고 있다.

지금으로부터 10년 전, 그는 휴가차 간 횡성에서 전원주택 부지로는 찾아보기 힘든 배산임수(背山臨水) 지형의 땅을 발견했다. 야트막한 임야에 조선육송이 빼곡히 들어서 있고, 앞에는 실개천이 흐르고 있었다.

그림 같은 전원주택을 지을 수 있다고 생각하니 욕심이 생겼다. 평상시에는 침착하고 꼼꼼한 그지만 욕심이 앞서 앞뒤를 가리지 않고,

등기부만 믿고 전원주택 부지(임야)를 매입했다. 소유권 이전을 마치고 전원주택을 짓기 위해 형질 변경을 비롯한 인허가 신청을 했지만, 동네 사람들의 민원 때문에 허가를 내줄 수 없다는 답변만 돌아왔다.

그는 처음엔 대수롭지 않은 일로 생각했다. 그런데 내용을 확인해 보니 문제가 꽤 심각했다. 마을 사람들이 대대손손 그 산에서 송이버섯을 채취해 연간 수백만 원씩 돈벌이를 하고 있어서 일정 금액(11가구, 가구당 2,000만 원)을 보상해 주지 않는 한 절대 전원주택을 지을 수 없다는 것이었다.

분명 등기부에는 이러한 권리 사항이 없었는데, 등기부에는 공시되지 않는 특수지역권이 존재했던 것이다. 그는 울며 겨자 먹는 심정으로 마을 사람들에게 위로금 조로 2억 원의 보상금을 지급한 후에야 전원주택을 지을 수 있었다.

그 후 그는 땅을 살 때 등기부를 확인하는 데만 그치지 않고 현장을 반드시 확인하였다. 한 번은 매입할 땅의 현장을 둘러보다 포크레인으로 땅이 파인 것을 발견했다. 매도자는 별것 아니라는 식으로 대답했다. 하지만 전문가에게 확인해 본 결과 등기부에 공시되지 않은 유치권이 있을 수 있다고 했다.

매도인에게 따져 물었더니 터 파기 공사를 일부 진행했으나, 아직 시공 비용은 지불하지 않은 상태라고 했다. 그래서 매매대금에서 유치권의 우려가 있는 공사 비용 6,500만 원을 공제하고 땅을 매입했다.

이처럼 부자들은 등기부에 나타나는 권리관계가 전부라고 생각하지 않는다. 등기부에 나타나지 않는 권리관계를 더 중요하게 여기며, 이러한 권리가 있는 경우에는 반드시 해결한 후에 투자에 나선다. 등기부에 공시되지 않는 권리는 주로 현장을 방문해야 확인할 수 있다. 부자들이 현장 방문을 아주 중요하게 생각하는 이유다.

특히 부자들은 등기부는 공신력이 없다는 사실을 너무나 잘 알고 있다. 그러나 부자가 아닌 사람들은 등기부에 공시되는 권리만을 믿고 투자에 나선다. 더 안타까운 것은 등기부에 공시되지 않는 권리가 있는지조차 모르는 사람이 많다는 사실이다.

등기부에는 부동산에 대한 표시와 그 소재지가 표제부에 표시되며, 소유권과 관련된 권리 사항은 갑구에 나타난다. 을구는 소유권 이외의 권리 사항을 기록하는 장부다. 우리나라에서는 등기의 형식적 성립 요건만 갖추면 서류 심사만으로 등기할 수 있다. 그러므로 등기 내용이 사실과 달라서 피해를 입더라도 등기 공무원이 등기에 관한 실질적인 심사권이 없다는 이유 등으로 공신력을 인정하지 않고 있어서 보상을 받을 수 없다. 부동산 거래를 할 때 신중을 기해야 하는 대목이다. 따라서 등기부를 통해 소유자를 정확히 확인하고, 갑구 및 을구에 나타나는 권리관계를 명확히 살펴본 후, 매매계약에 나서야 한다.

등기부에 공시되지 않는 권리를 확인해라

부자들은 눈으로 직접 확인한 것만 믿고 투자한다. 등기에는 공시되지 않는 권리관계를 직접 확인하기 전에는 등기부에 명시된 권리관계만 존재한다고 믿지 않는다.

그들은 등기부에 공시되는 권리보다, 공시되지 않는 권리를 더 중요하게 생각한다. 또한 등기부에 공시되지 않는 특수한 권리인 유치권을 비롯해 관습법상의 법정지상권, 분묘기지권, 특수지역권 등이 존재하는지를 확인한 후 투자한다. 등기부에 나타나는 권리관계에 대해서는 당연히 인수할 권리와 소멸시킬 권리를 구분하여 투자를 결정할 수 있다.

그러나 공시되지 않는 권리는 투자하기 전에 확인하여 권리를 소멸시키지 않으면, 결국 투자자가 인수해야 하기 때문에 상당한 부담이 될 수밖에 없다. 부자들은 공시되지 않는 권리들까지 완벽하게 해결한 후에 투자에 나서는 아주 좋은 습관을 가지고 있다.

첫째도,
둘째도 현장 확인

양재동에 사는 G씨(57세)

그는 조경사업을 하고 있어 땅을 매매하는 일이 잦은 편이다. 2007년에는 친척의 소개로 경기도 시흥에 있는 전(田)을 매입했다. 급한 마음에 현장에는 나중에 가기로 하고 사진으로만 확인했다. 나무를 키우기에는 안성맞춤으로 보였다.

그런데 소유권 이전을 마치고 현장을 방문해 보니, 사진에서 본 것과는 달랐다. 땅이 심하게 경사져 있어 나무를 심기는커녕 눈썰매장으로도 사용할 수 없을 정도였다. 더군다나 그나마 경사가 완만한 곳에는 미등기 건물이 자리 잡고 있었다.

분명 건물은 다른 사람의 소유로, 10년 전에 매입해 살고 있다고 했다. 등기부에 공시되지 않는 관습법상 법정지상권이 존재했던 것이다. 친척한테 따져 물었더니 미안하다고만 할 뿐 뾰족한 해결책을 제시하지는 못했다. 결국 경사도는 형질 변경 허가를 받아 낮췄으며, 일정 금액을 보상해 주는 조건으로 미등기 건물을 매입하고 온전하게 땅을 사용할 수 있었다. 그 일로 땅에는 보이지 않는 권리가 존재하며 그것은 현장에서만 확인할 수 있다는 사실을 깨달았다.

그는 전문가를 따라다니며 경사가 심한 땅과 수목의 수령이 30년 이상 된 땅, 주변에 계곡이나 하천이 인접해 있는 땅 등은 피해야 한다는 사실을 배웠다. 이후에는 관리관계를 확인하지 못해 땅 투자에 실패하는 일이 없었다. 오히려 매도자도 모르는 사항까지 지적해 줄 정도였다.

이처럼 부자들은 현장에서 땅 투자에 필요한 지혜를 얻는다. 부자들은 송이버섯이 나는 땅에는 투자하지 않는다. 특수지역권이 존재할 수 있기 때문이다. 아무리 도로변에 붙어 있거나 경관이 좋은 곳에 위치한 땅이라도 현장을 직접 확인해 주의 깊게 살펴보고 투자한다. 특히 경사도가 15도가 넘으면, 건축물 인허가를 받기가 어려울 뿐만 아니라 공사비도 많이 들어가기 때문에 투자하지 않는 것을 원칙으로 하고 있다.

그러나 부자가 아닌 사람들은 특수지역권이 뭔지조차 모른다. 경사가 졌건 말건 도로 옆에 붙어 있거나 경관이 좋으면 투자에 나선다.

현장 확인 시 제일 먼저 살펴봐야 할 것이 지형과 방향이다. 산악 지형이 많고, 겨울이 긴 지역일수록 햇볕이 많이 드는 남향을 골라야 한다. 경사가 심한 지역과 나무의 수령이 30년 이상 된 임야는 피하는 것이 좋다. 또 토질을 확인해야 한다. 토질은 부드럽고 황토색을 띠어야 하며, 토사가 20~30% 정도 섞여 있으면 좋은 땅으로 간주한다. 자갈이나 암반이 있는 땅은 투자가치가 없다. 또한 강이나 저수지, 하천과는 일정한 거리를 두고 있어야 천재지변이나 자연재해를 피할 수 있다.

현장 확인을 할 때는 반드시 경계측량을 해야 한다. 땅을 살 때는 반드시 땅의 경계를 측량해야 하지만, 못하고 매입하는 경우가 일반적이다. 그러나 공부상에 표시된 땅이 실제로는 주변의 땅과 뒤바뀌거나 땅의 경계가 다른 경우가 많다.

등기부에 명시된 땅의 면적을 기준으로 소유권을 이전받았다고 내 땅이 되는 것이 아니라는 점에 유의해야 한다. 임야는 등기부에 명시된 땅의 경계가 실제와 다른 경우가 많기 때문에 정확한 측량이 필요하다. 시계가 가리는 여름철보다는 나뭇잎이 다 떨어진 겨울철에 측량하는 것이 정확하다.

또한 유치권이 존재하는지를 꼼꼼히 확인해야 한다. 전 소유자가 건물을 신축하기 위해 땅을 파놓은 상태에서 매도하는 경우에는 조심해야 한다. 등기부에 나타나지 않는 유치권이 문제가 될 소지가 있기 때문이다. 즉 소유자가 돈이 부족하여 토목공사에 들어간 공사비를 지불하지 않은 상태에서 땅을 팔았다면, 시공업자는 땅 소유자가 바뀌더라도 공사비에 해당하는 만큼 권리를 주장할 수 있기 때문에 조심해야 한다.

가장 큰 지혜는 현장에서 얻어진다

부동산 고수들도 사람인지라 때로는 사기나 달콤한 농간에 넘어가기도 한다. 그러나 한 번 당하고 나면 또다시 당하는 일은 없다.

부자들은 현장을 방문할 때 수수한 옷차림으로 간다. 화장을 많이 하고 명품으로 치장을 하고 가면 땅값을 터무니없이 비싸게 부를 수 있기 때문이다. 또한 부자들은 중개업소가 많이 자리 잡고 있는 지역에는 투자하지 않는다. 이런 곳은 이미 부동산 가격이 많이 오른 지역이므로 투자수익을 얻기 어렵기 때문이다.

또한 부자들은 현장을 확인하면서 지혜를 배운다. 부자들은 눈에 보이지 않는 사소한 권리들이 미래가치에 큰 영향을 끼칠 수 있다는 사실을 잘 알고 있다.

10년 앞을
미리 내다본다

서초동에 살고 있는 세무사 Y씨(66세)

그는 항상 허름한 옷차림으로 다닌다. 흔해빠진 자동차도 없다. 두 아들은 결혼 후 분가해서 살고 있다. 그는 동네에서 부자로 소문났지만, 결혼한 자녀들에게도 전셋집만 얻어 줬다. 아파트를 한 채씩 사 줄까도 생각했지만, 30대 초반인 두 아들에게 자산을 쉽게 증여해 주고 싶지 않았다. 돈을 버는 이치를 깨우치게 하고 스스로 내 집 마련을 위해 노력하기를 바라는 마음에서였다.

하지만 그는 자식들 모르게 자산을 물려주고 있었다. 2005년, 충남 서산에 있는 땅(3,413㎡, 매입가 2억 3,000만 원)과 이천 땅(2,670㎡, 매입가 1억 9,000만 원)을 사서 그 이듬해에 큰아들과 작은아들에게 각각 증여했다. 당시 미래가치가 있는 땅을 사기 위해 3개월 정도 서산과 이천을 오가면서 현장을 누비고 다녔다.

증여를 통한 절세와 재테크를 동시에 하기 위해 공시지가가 낮으면서 미래가치가 있는 땅을 찾아야 했다. 토지이용계획확인서를 비롯해 토지대장, 지적도를 봐가며 꼼꼼하게 따졌다. 미심쩍거나 궁금한 사항은 중개업자한테 물어보지 않고, 해당 시·군·구청에 문의해서 답변을 얻었다. 현지 중개업자가 권하는 땅을 경솔하게 매입하는 실수를 저지르지 않기 위해서였다.

처음부터 끝까지 땅에 투자하는 목적과 방법을 분명히 했다. 현지 시세로 서산 땅은 3배 정도 올랐고, 이천 땅은 4배 정도 오른 상태다. 그는 10년 이상을 보고 투자했으며, 먼 훗날 자식들에게 도움이 되길 바랄 뿐이다. 두 아들은 아직도 자신들이 땅을 물려받은 사실조차 모르고 있다.

이처럼 부자들은 땅에 투자할 때 수익과 동시에 증여까지 고려한다. 그렇기 때문에 단기 투자가 아닌 장기 투자를 하는 것이다. 또한 절세할 방법을 감안해 투자에 나선다. 그러나 부자가 아닌 사람들은 단순히 수익만을 목적으로 삼는다. 그래서 장기 투자보다는 단기 투자를 선호한다.

최소 10년 앞을 내다봐라

단기 성과에 급급해하면 경솔한 판단으로 손해를 보기 쉽다. 부자들은 결코 경솔하게 땅에 투자하지 않는다. 그들이 땅에 투자할 때는 적어도 10년은 앞을 내다보고 투자한다. 단기 투자로 3~5배 정도 돈을 벌 수 있다고 생각하는 부자들은 없다. 아무리 좋은 호재가 있다고 해도 단기 투자는 꺼려한다.

또한 그들은 땅에 투자하는 목적을 분명히 하며, 자신보다는 자식을 위해 투자하는 경향이 강하다. 결코 전 재산을 땅에 올인하는 부자는 없다. 또한 가격 상승만을 기대하는 것인지, 전원주택 또는 증여·상속의 목적으로 투자하는 것인지 투자 목적을 분명히 설정한다.

그리고 부동산 시장이 항상 위험한 것은 인정하지만 결코 외면하거나 냉소하지는 않는다. 또한 언제나 시장 상황에 맞춰가며 투자에 나서지만, 시장과 타협하는 아주 무난한 전략은 실패할 가능성이 높기 때문에 사용하지 않는다.

전원주택도 재테크다

1980년대까지만 해도 전원주택은 극소수 부자들의 전유물이었다. 당시에는 전원주택이 아니라 '별장'이라고 불렸으며, 자연환경이 뛰어난 도시 근교에 지어진 고급주택을 가리켰다. 사용 용도도 전원생활을 위한 것이 아니라 일시적인 휴식을 위한 것이었다. 그러던 것이 1990년대 들어 중산층이 급속하게 늘어나면서 전원주택이 대중화되기 시작했고, 차츰 웰빙 문화의 대명사로 인식되기 시작했다. 그러나 2000년대부터는 생활을 위한 공간으로 전원주택에 대한 인식이 바뀌기 시작했다. 지금은 별장 또는 주말에만 이용하는 주택이 아니라, 은퇴 이후에 제2의 인생을 준비하는 생활 터전으로 자리매김하고 있다.

대기업 부장으로 재직하고 있는 K씨(53세)

그는 약국을 하는 아내와 맞벌이를 한 덕분에, 살고 있는 압구정동의 한양 1차 아파트(105㎡, 매매시세 11억 2,000만 원)를 제외하고도 30억 원 정도의 금융자산을 모을 수 있었다.

은퇴하면 서울 생활을 완전히 정리하고 아내와 함께 전원생활을 할 생각이다. 그래서 40대 후반이던 5년 전부터 은퇴 이후를 준비해 오고 있다. 은퇴 이후 30~40년을 아름답게 살기 위해 준비하고 있는 것이다.

2008년, 그는 천안에 전원주택과 함께 땅(전田) 2,700㎡를 마련했다. 은퇴 이후, 소일거리 삼아 텃밭을 가꾸면서 버섯 재배에 도전해 볼 계획이다. 그리고 노동의 여유가 생기면 배나무도 심으려고 한다.

그가 은퇴 이후 전원생활을 하려는 데는 몇 가지 이유가 있다. 첫째, 건강하게 인생을 마무리하기 위해서다. 건강은 은퇴 이후의 생활에서 무엇보다도 중요한데, 건강하게 살기 위해서는 전원생활을 하는 것이 훨씬 낫다고 생각하기 때문이다. 둘째, 내 몸에 맞는 생산적인 노동으로 건강을 유지하며, 경제활동을 지속하기 위해서다. 전원생활은 사계절 자연과 벗하며 정년퇴직이 없는 평생직장을 갖는 일이기 때문이다. 셋째, 땅에다 묻어두는 재테크를 하기 위해서다. 지난 10년 동안 공시지가의 평균 상승률은 10%를 훨씬 상회한다. 이처럼 예금이자율보다 훨씬 높은 지가(땅값) 상승률과 인플레이션에 따른 화폐가치 하락을 감안하면, 땅 투자가 최고의 재테크라고 생각했기 때문이다.

하지만 부자가 아닌 사람들은 확고한 의지 없이 전원생활을 선택하며, 재테크는 고려하지 않은 채 전원주택을 고른다. 이들 대부분은 전원생활을 몇 년도 버티지 못하고 다시 귀경한다. 은퇴 전, 사전에 치밀하게 준비하지 못한 결과인 셈이다.

부자들에게 전원생활은 곧 재테크다

은퇴 준비를 위해 전원주택을 고를 때는 경제적 가치 즉, 재테크를 반드시 염두에 두어야 한다. 전원주택에도 여러 종류가 있다. '전원형'은 경관은 빼어나지 않지만 전원 분위기가 묻어나는 논과 밭 등이 위치한 평지에 입지해 있다. 휴양시설과 관광지 등에 인접한 '레저형'은 전원생활보다는 휴양에 적합하다. 기존의 농어촌에 인접한 '취락형'은 지역 주민들과 교류하며 전원생활에 빨리 정착할 수 있는 장점이 있다. 또한 마을에 이미 구축된 인프라를 이용할 수 있어 초보자에게는 최적의 전원주택 형태다. 특히 지역개발에 따라 미래에 가치가 상승할 가능성도 높아 재테크에 안성맞춤이다. 그 밖에 수려한 산속에 자리 잡은 '임산형'과 강 또는 저수지를 조망할 수 있는 지역에 입지한 '임수형'이 있지만, 상시 거주하는 전원 생활에는 맞지 않을뿐더러 재테크와는 거리가 멀다.

경매, 무조건 남는
장사는 아니다

신사동에 사는 '경매장이' A씨(43세)

그는 대기업에 다니는 평범한 샐러리맨이었다. 하지만 젊은 나이에 보통 사람들은 어렵게만 여기는 부동산 경매로 부자(부동산 20억 원, 금융자산 10억 원)가 되었다. 2003년, 그가 대학원에 입학하면서 동국대 겸임교수인 나와 자연스럽게 인연을 맺게 되었다.

그는 연간 수익률이 5~7% 정도밖에 안 되는 금융상품에는 마음이 끌리지 않았다. 그렇다고 부침이 심한 주식에도 투자할 수 없었다. 그러던 차에 그는 평소 막연하게만 생각하고 있던 부동산 경매에 투자하기로 결심하였다. 막상 직접 경매를 하려고 하니 어려운 점이 많았지만, '부동산 경매 투자론'을 들으면서 경매에 서서히 눈을 떴다. 그는 자신만의 원칙을 정해 놓고 경매 투자에 나섰다. 부동산 시장이 살아 움직일 때, 경매 투자에 나선다는 원칙이었다.

2004년, 저금리 기조와 400조 원에 달하는 풍부한 부동자금으로 인해 부동산 시장에는 훈풍이 불고 있었다. 그는 이때가 경매 투자의 적기라고 판단했다. 그래서 인터넷을 통해 경매 정보를 물색했다. 그러던 중 1차 법원 감정가 1억 원으로 시작했는데 3회 유찰되어 최저 법사가가 5,120만 원까지 떨어진 다세대주택을 발견했다.

이를 이상하게 생각한 그는 호기심이 생겼다. 3회나 유찰된 이유를 알아보기 위해 권리 분석을 해본 결과 대항력 있는 임차인이 있었다. 대항력이 있는 임차인이 있으면 대출을 받는 데 제한을 받을 수 있다는, 대학원 수업 시간에 배운 내용을 떠올렸다. 사실관계를 알아보기 위해 1순위 저당권자인 채권은행(농협)에 확인해 보았다.

그 결과 근저당권 설정 시점(대출 취급 시점)에 임차인이 전입신고하여 거주하고 있었던 것은 사실이나, 임차인이 공짜로 거주하고 있다는 '무상임차사실확인서'를 받고 대출을 해줬다는 것을 알게 되었다.

그가 확인한 바로는 대항력 있는 임차인도 무상으로 거주하고 있다는 사실을 채권은행에서 확인해 준 이상 제3자에게 대항력을 주장할 수는 없다. 당연한 얘기겠지만, 경매로 모든 권리관계가 소멸되어 매수인이 인수하는 권리는 하나도 없다는 것이었다.

그는 다음 날 바로 현장을 방문하였다. 건물을 신축한 지 8년 정도 지났지만 외관은 깔끔해 보였다. 그리고 지하철 7호선 오금역 5분 거리에 위치하여 교통편도 좋았다. 주변 매매시세는 상한가 1억 2,000만 원, 하한가 1억 800만 원 선이며 전세가격은 7,000만 원 정도에 형성되어 있었다.

결국 경매에 참여해 5,400만 원에 매수하는 데 성공했다. 당시 그는 3,500만 원을 대출 받아 대금을 납부했는데, 비용을 제외하고도 총 5,800만 원 정도의 투자수익을 올렸다. 그 후 그는 '경매장이'가 되어 큰 부자가 될 수 있었다.

이처럼 부동산 고수는 체계적인 학습을 통해 공부하고, 시장 상황을 정확하게 분석한 후 경매에 참여한다. 또한 그들은 자신만의 경매 철학을 가지고 있다. 경매를 통해 헐값에 집을 사들일 수 있다는 고정관념에 파묻혀 시도 때도 없이 경매에 참여해 손해를 보는 우를 범하지 않는다.

그러나 부동산 하수는 경매 투자에 대한 원칙이 없다. 막연하게 싸게 먹을 수 있다는 생각으로 시장 분위기에 따라 움직여 손해를 보기 일쑤다. 또한 그들은 '경매' 하면 보통 쫓겨나는 집주인, 절규하는 세입자, 거리로 내몰리는 영세상인 등을 연상하며 부정적인 시선으로 경매시장을 바라보기도 한다. 싸게 사는 것도 좋지만 부도나서 망한 집을 사들이는 것을 께름칙하게 여기기도 한다.

부동산 경매의 유례는 로마의 공화정 시절인 기원전 82년경으로 거슬러 올라간다. 고대 로마제국이 지중해를 평정하면서 국제정치는 안정기에 접어들었다. 그런데 국내정치는 원로원파인 '술라(Sulla)' 와 민중파인 '마리우스(Marius)' 간의 치열한 권력 투쟁으로 혼란기를 맞이하게 된다.

이 권력 투쟁에서 승리한 '술라' 가 정권을 잡으면서 '마리우스' 는 몰락하게 된다. 그리고 술라는 공권력을 동원해 민중파 소유의 부동산을 포함한 전 재산을 몰수해 싸게 팔아치운다. 이때 '술라' 의 측근들이 경매를 통해 부동산을 헐값에 사들여 막대한 이익을 챙겼는데, 이것이 최초의 부동산 경매다. 이런 역사적인 배경이 깔려 있는 탓에, 지금까지도 경매를 통해 부동산을 구입하면 무조건 헐값으로 싸게 살 수 있다는 고정관념이 횡행해왔다.

오늘날의 부동산 경매는 공권력을 이용하여 매매시세보다 비교적 싼값에 처분하여 빌려준 돈을 회수하는 방법이다. 이처럼 경매는 부동산을 시중가격보다 싸게 살 수 있는 장점이 있어 내 집 마련이나 부동산 재테크 수단으로 각광받고 있다. 그러나 부동산 경매는 생각보다 쉽지 않다. 권리 분석은 물론이고 미래가치를 분석하고 매수 시점까지도 실기하지 않아야 경매 투자에 성공할 수 있다.

부동산 가격이 떨어질 때는 경매시장 근처에도 가지 마라

부자들은 부동산 가격이 오를 때 경매 물건을 사서 평가차익을 남긴다. 이 때문에 가격이 떨어질 땐 경매시장 근처에도 가지 않는다.

경매를 진행하려면 물건을 감정하는 등 제반 법률적인 절차를 걸쳐야 한다. 이러한 절차 때문에 경매로 부동산이 처분되는 기간을 따져보면 짧아야 6개월이고 1년을 넘기는 경우도 많다. 이러한 경매 절차의 특성을 감안하면 부동산 시장이 숨을 죽이고 있는 침체기에는 경매를 피하는 것이 좋다.

예를 들어 최고 가격이 형성된 시점에 법원 감정가가 매겨지고 그 뒤 부동산 가격이 떨어지면, 아무리 매매시가의 90~95% 수준에서 법원 감정가가 결정되어도 비싸게 살 수밖에 없다. 이렇듯 경매로 부동산을 산다고 무조건 싸게만 살 수 있는 것은 아니다. 또한 경매가 무조건 남는 장사라고 생각해서도 곤란하다.

경매 투자에서
실패하는 이유

부자들은 권리 분석이 경매 투자 성공 비법의 전부라고 생각하지 않는다. 권리 분석만으로 경매 물건을 매입하기에는 부담스러운 부분이 많기 때문이다. 그들은 권리 분석은 단지 매입에 필요한 여러 가지 과정 중 하나일 뿐이라고 여긴다.

그런데 대부분의 사람들은 권리 분석만 마치면 경매 물건을 덥석 물어버리는 성급한 우를 범한다. 경매 물건의 미래가치는 따져보지 않는다. 경매 투자에서 실패하는 사람이 많은 이유다. 그렇다면 대한민국 1% 부동산 부자들의 경매 투자 성공 비법은 무엇일까?

첫째, 미래가치를 따진다

부자들은 경매 물건의 미래가치를 평가하기 위해서 '토지대장'을 비롯해 '토지이용계획확인서'와 '지적도(임야도)' 등을 통해 미래의 수익가치를 따져본다. '토지대장'에는 땅의 면적(평수) 등이 표시되는데, 등기부의 면적과 차이가 있는 경우에는 토지대장을 기준으로 판단해야 한다.

'토지이용계획확인서'는 개발 가능 여부를 비롯해 용도지역, 용도지구 등이 표시되어 있기 때문에 땅의 이용가치와 더불어 미래가치를 확인하는 데 반드시 필요하다. 또 땅의 모양에 따라 이용가치에 차이가 있으므로 '지적도'를 통해 모양을 반드시 확인해야 한다. 이처럼 경매 물건도 미래가치를 먼저 확인해 본 후 투자를 결정해야 실패할 확률을 최소로 줄일 수 있다.

둘째, 권리 분석을 즐긴다

부자들은 경매 물건의 미래가치에 대한 분석이 끝나면, 철저한 권리 분석에 들어간다. 똑똑한 권리 분석을 위해서는 '등기부'에 나와 있는 권리관계를 중심으로 경매로 소멸되는 권리와 소멸되지 않는 권리를 구분해야 한다.

예를 들어 근저당권 혹은 저당권, 담보가등기, 가압류 혹은 압류, 경매개시결정등기 등의 기준권리 이후에 설정된 권리는 경매로 무조건 소멸되어 매수인이 인수하지 않는 권리다. 그러나 기준권리보다 선순위인 지상권, 지역권, 환매등기 등은 경매로 소멸되지 않기 때문에 매수인의 주의가 필요하다.

다만 예고등기와 전 소유자의 가압류는 기준권리보다 뒤에 나와도 소멸되지 않는다. 또 '등기부'에 나타나지 않는 권리도 철저하게 분석해야 한다. 유치권, 법정지상권, 관습법상 법정지상권, 특수지역권, 대항력 있는 임차인, 분묘기지권 등은 경매로 소멸되지 않는 권리로 매수인이 부담해야 하는 권리인 만큼 각별히 주의하도록 하자.

셋째, 직접 현장을 확인한다

부자들은 권리 분석이 끝난 다음에는 반드시 현장을 확인한다. 경매 물건은 공부상의 내용과 물건 내용이 다른 경우가 많다. 공부상에 나타나지 않은 권리가 얼마든지 발생할 수 있다는 얘기다.

보통 사람들은 바쁘다는 핑계로 현장도 확인하지 않은 채, 경매에 참가해 매수한다. 그러면 백발백중 손해 보는 것은 당연한 일 아니겠는가? 경매 물건을 잘 고르고, 완벽하게 권리 분석을 한 후 낙찰을 받더라도 경매 물건에 유치권 등이 존재한다면 손해를 감수할 수밖에 없다. 소 잃고 외양간 고치지 않으려면 반드시 현장 방문을 통해 공부상에 표시된 내용과 경매 물건이 일치하는지를 확인하도록 하자. 이때 더 중요한 것은 그 지역에 형성된 매매가격을 비롯해 전월세 등의 시장가격을 확인하는 일이다.

넷째, 임차인의 명도를 귀찮아하지 않는다

매수인이 경매 투자에서 가장 어렵게 생각하는 부분 중 하나가 바로 임차인에 대한 명도 문제다. 대금 납부를 마치면 매수인은 법률적으로 소유권을 취득하게 된다. 하지만 전 소유자를 비롯하여 임차인 등이 집을 비워주지 않으면 사용권, 수익권, 처분권에 제약을 받는다.

가장 좋은 명도 방법은 전 소유자, 임차인 등과 협상을 통해 집을 인도받는 방법이다. 그러나 임차인의 명도가 쉽지 않은 현실을 감안하면, 처음부터 법에 정해진 절차대로 진행하는 것이 유리하다. 임차인의 명도 문제를 귀찮게 생각하지 말아야 한다. 임차인의 명도가 어려움에 봉착할 것에 대비해 대금 납부와 동시에 인도명령을 신청하는 것이 좋다.

인도명령은 대금 납부일로부터 6개월 이내에 신청해야 하며, 만약 기일 이내에 신청하지 못한 경우에는 명도소송으로 가는 번거로움을 감수해야 한다. 소송 비용과 6개월 정도의 소송 기간을 감안하면 명도소송은 매수인에게 상당한 부담이 된다.

다섯째, 최적의 매수가격을 정한다

부자들은 최적의 매수가격을 잘 정한다. 이를 위해서는 경매 물건의 주변 시세를 정확히 파악해야 한다. 일반적으로 부동산 가격이 상승할 때는 시장가격의 80~90%가 약간 넘게 매수가격을 결정해야 한다.

반면 가격이 떨어질 때는 시장가격의 70~80% 사이에서 매수가격을 정하면 된다. 예를 들어 아파트의 경우 매매시세의 80~85% 선에서 매수가격을 결정하면 된다.

한편 매수자금을 준비할 자금 계획도 미리 세워둬야 한다. 물론 입찰보증금 10~20%만 있어도 쉽게 경매에 참가하여 매수할 수는 있다. 그렇지만 입찰보증금만 가지고 경매에 참여하면 보증금을 떼일 확률이 높다. 현재 여러 금융기관에서 쉽게 경매대출을 받을 수 있으므로 다양하게 활용하도록 하자. 금융기관마다 경매대출 규정이 다르기 때문에 미리 경매대출 가능 금액을 확인해 두는 것이 좋다.

경매를 통해 부동산을 매입하는 것은 부동산 고수들에게도 상당히 어려운 일이다. 경매 기간이 길고 절차가 복잡하기 때문이 때에 따라서는 예상치 못한 권리관계로 인하여 비싼 수업료만 지불해야 할 경우도 있다.

경매에서 성공하려면 미래가치 분석을 통해 경매 물건을 잘 고르고, 권리 분석을 통해 안전한 물건인지를 따져봐야 한다. 그리고 발품을 팔아가며 현장 확인을 꼼꼼히 하는 것 또한 소홀히 하면 안 된다. 또 간과하기 쉬운 임차인의 명도 문제를 사전에 점검해야 한다.

부동산 고수들은 이러한 과정을 바탕으로 매수가격을 시장가격과 비교해 합리적으로 결정한다. 무조건 싸게 매수하려고 덤벼들지 마라. 시장가격과 동떨어진 매수가격을 결정할수록 투자에 실패할 확률이 높다. 85% 수준에서 매수가격을 결정하는 것이 가장 적정하다. 더불어 빈틈없는 자금 계획을 세우는 것도 잊지 말아야 한다.

제4장

평범했던 그들은
어떻게 강남 부자가 되었나

시대의 변화를
먼저 읽어내라

일산에서 약국을 하고 있는 B씨(68세)

그는 시대의 변화를 읽어내는 혜안 덕분에 소문난 알부자가 될 수 있었다. 전문가인 내가 봐도 그의 예측력은 그야말로 놀라웠다.

1969년, 한남대교가 개통을 앞둔 무렵이었다. 그는 한남대교가 개통되기만 하면 강남 지역 개발이 본격적으로 이루어질 것이라고 직감했다. 이런 판단이 들자 그는 즉시 실행에 옮겼다. 당시에 아무도 거들떠보지도 않던 역삼동에 위치한 황무지나 다름없던 땅(田) 1652㎡(3.3㎡당 3,000원)를 사들였다. 그렇게 20년을 보유하다가 일부 땅을 매도한 자금으로 빌딩을 신축해 부자로 발돋움하는 발판을 마련할 수 있었다.

IMF 시절, 그에게 또 한 번의 기회가 찾아왔다. IMF 사태로 인해 시중금리는 천정부지로 상승하고, 특단의 부동산 부양 정책을 써도 부동산 가격은 연일 대폭락하는 지옥 같은 상황이 계속됐다.

그런 위기 상황에서 변화를 읽어내는 그의 혜안이 더욱 빛을 발했다. 그는 당시 우리나라 경제는 제조업을 기반으로 하고 있었기 때문에 IMF 위기만 극복하면 모든 것이 정상으로 돌아갈 것이라고 판단했다.

그는 당시 매매시세의 20~30%에 경매로 넘어가는 공장 부지(대지 3,239㎡, 3.3㎡당 15만 원)를 사들였다. 결국 IMF 졸업 후 공장 부지에 아파트가 들어서면서 투자금의 10배가 넘는 토지보상금을 받았다.

현재 그는 수백억 원대의 알부자이며, 실물자산 투자의 신봉자다. 2010년에는 실물자산인 금(金)에도 3억 원 정도를 투자해 30% 정도의 수익을 올렸다. 1온스당 1,000달러가 넘어가고 있는 시점이었다.

금에 투자할 때도 그의 날카로운 판단력이 돋보였다. 그는 미국 달러의 기축통화로서의 역할이 줄어들고 있다는 점에 주목했다. 반면에 금은 매장량이 한정되어 있음에도 수요가 계속 늘고 있어, 앞으로도 투자가치는 충분하다고 판단했다.

나는 그가 부자로 거듭날 수 있었던 것은 결코 우연이 아니라고 단호하게 말할 수 있다. 그는 누구보다도 시대의 변화를 정확히 읽어냈다.

이처럼 부자들은 단순히 시대의 변화를 읽어내는 데 그치지 않고 시대의 흐름 속에서 본능적으로 투자의 기회를 감지한다. 특히 부동산을 비롯한 실물자산 투자에서는 이미 최고 전문가의 경지에 이른 사람들이다.

40년 전, 감히 어느 누가 2010년의 강남을 예상할 수 있었겠는가? 바로 B씨처럼 시대의 변화를 읽을 줄 아는 사람들만이 가능했던 미래 투자였던 것이다. 그가 수년 동안 해외여행에 몰입한 것도 흥청망청 쓰기 위함이 아니라 세계 각국의 도시에서 일어나는 변화를 체감하기 위해서였다.

부자들은 위기를 성공으로 연결시키는 재주가 있다. IMF 시절 보통 사람들이 부동산에서 등을 돌릴 때 부자들은 부동산을 마음껏 골라 투자했다. 시대의 흐름을 정확히 읽고, 자신감 있게 실물투자에 나섰던 것이다.

그러나 부동산 하수는 시대의 변화만 느낄 뿐 실행에 옮기는 능력은 결여되어 있다. 부동산 가격이 끝도 없이 추락하던 IMF 시절에는 가격이 더 떨어질 것을 염려해 오히려 소유하고 있던 부동산마저도 헐값에 팔아치운 사람이 수두룩하다.

중국 전한(前漢) 때의 회남왕이었던 유안(劉安)은 다음과 같이 말했다.

"한 잎이 떨어지는 것을 보고 바야흐로 한 해가 저물어감을 알고,

병 속의 얼음을 보고 천하의 추위를 안다."

오동잎 하나가 떨어지는 것을 보고 가을이 온 것을 알 수 있고, 항아리의 물이 어는 것을 보고 세상의 추위를 알 수 있는 세상의 이치, 즉 시대의 변화를 읽어내는 지혜를 말하고 있다.

그리스의 피로스(Pyrrhos) 왕은 로마와의 전쟁에서 승리한다. 하지만 패배나 다름없는 승리였다. 두 번에 걸친 전쟁에서 모두 승리를 거두었지만 대신 아군을 거의 모두 잃었기 때문이다. 그리고 마지막 전투에서는 패망하고 말았다. 결국 실속 없는 승리, 상처뿐인 영광이었다.

내가 만난 사람들 가운데도 피로스의 승리(Pyrrhic victory)에 도취된 이들이 많았다. 실속 없는 성공을 방지하려면 시장의 흐름을 외면한 채 섣불리 투자에 나섰다가는 손실을 볼 수도 있다는 사실을 염두에 둬야 한다.

이를 위해서 우리나라의 거시경제지표는 물론이고 부동산 정책을 비롯해 조세 정책, 돈의 흐름, 시중금리와 전세시장의 동향 등을 통합적으로 철저하게 살펴볼 필요가 있다.

시대의 변화를 읽는 데 온 힘을 다하라

부자가 되는 사람들은 시대의 변화보다 한발 앞서나가며, 매사에 능동적으로 대처한다. 부자들은 절대로 한두 번의 성공에 도취되지 않으며, 급변하는 시대의 흐름에 맞춰 새로운 먹잇감을 찾아나선다.

기억하라. 수십 년 전, 도도히 흐르는 한강의 물살을 보며 한강 주변 땅값의 변화를 읽어낸 사람과 읽어내지 못한 사람의 삶이 어떻게 달라졌는지를.

부동산 대책,
뒤집어 생각하라

목동에 사는 W씨(59세)

그는 1980년부터 부동산 시장을 유심히 지켜보며 철저하게 분석해 왔다. 덕분에 지난 30년 동안 부동산 정책의 변화에 따라 냉탕과 온탕을 수없이 왔다 갔다 한 부동산 시장의 생리를 그 어떤 전문가보다도 예리하게 파헤칠 수 있었다. 또한 부동산 가격이 정책의 움직임에 따라 심하게 요동쳤다는 사실과, 이에 울고 웃는 사람들 속에서 대한민국의 1% 부자들 또한 탄생했다는 사실을 잘 알고 있었다.

1988년, 전국의 땅값이 평균 27.47%나 치솟았다. 경기도의 땅값은 평균 48.03%나 올랐고, 서울의 강남 지역은 평균 40% 이상 상승했다. 이렇게 가격이 오르자 정부는 토지초과이득세법을 새롭게 시행해 일시적인 가격 상승을 막았다.

그는 이때를 놓치지 않았다. 정부가 나서서 규제를 하는 것은 공급이 부족하기 때문이라고 생각했다. 이를 해소하지 못한다면 가격은 더 올라갈 것이라고 판단했다. 당시 압구정동 대로변의 땅 495㎡(150평, 3.3㎡당 1,200만 원)를 과감하게 사들였다. 시장을 규제할수록 가격이 올라간다는 사실을 알았기 때문이다.

하지만 당시 많은 사람들은 세금 걱정 때문에 섣불리 투자에 나서지 않았다. 게다가 실수요자라도 땅을 사는 사람은 자칫 투기꾼으로 몰리기 일쑤였다. 그러나 그는 세금 걱정을 뒤로하고 과감하게 투자를 실행했다. 그가 이렇게 과감하게 실행으로 옮긴 이유는 그동안 부동산 세금 정책이 시장의 여건에 따라 수시로 변해 왔다는 사실을 꿰뚫고 있었기 때문이다.

과거는 미래의 거울이다. 그는 이번에도 시장의 여건이 금세 바뀔 가능성이 높다고 판단했다. 그래서 당시에 세금 폭탄의 상징이었던 '토지초과이득세'를 부담할 각오를 하고 과감히 베팅한 것이다.

현재, 그는 그때 사들인 땅에 5층짜리 건물을 신축해 자동차 매장에 임대를 주고 있다. 땅값만 무려 10배 가까이 올랐다. 100억 원이 넘는 자본수익에 매월 4,500만 원의 임대수익을 올리고 있다.

그는 수년 동안 부동산 시장을 지켜보며 분석해 온 결과 깨달음을 하나 얻었다. 부동산 시장만큼 정책의 변화에 민감하고 신속하게 반응하는 종목도 없다는 사실이다.

이처럼 부동산 고수는 정부가 부동산 시장을 아무리 규제해도 정책 탓만 하며 두 손 두 발 놓고 자포자기하지 않는다. 오히려 부동산 정책을 거꾸로 뒤집어 보면서 끊임없이 역투자의 길을 모색한다.

종부세 완화를 예측한 Y씨(49세)

그는 이미 아파트를 보유하고 있어 종합부동산세를 감당해야 함에도 재건축 아파트(개포동 주공아파트 49.5㎡, 매입가 7억 5,000만 원)에 투자했다. 많은 사람들이 세금이 무서워 아파트 투자를 꺼려하던 시기였다.

그러나 그녀는 종합부동산세법을 꿰뚫어 보고 있었다. 그는 종합부동산세와 종합소득세를 이리저리 비교하며, 투자의 길을 모색했다. 종합소득세는 금융자산에 대한 이자소득을 배우자와 합산하지 않고 각각 계산하여 세금을 내는데, 종합부동산세는 배우자와 합산하여 세금을 냈다. 그녀는 금융자산이나 부동산은 분명 똑같은 자산인데 법이 형평에 맞지 않아 세법이 바뀔 것이라고 생각했다.

결국 그녀의 예상대로 종합부동산세도 배우자와 합산하지 않고 각각 계산하여 세금을 납부하는 것으로 바뀌었다. 현재 그녀는 매매시세를 기준으로 해도 2억 4,000만 원의 자본수익을 올리고 있다.

이처럼 부동산 고수들은 시시각각 변하는 부동산 정책을 액면 그대로 받아들이지 않는다. 정부에서 극심한 규제 정책을 펴도 이를 원망하거나 탓하지 않고 오히려 투자에 더 적극성을 띤다.

그들은 투자에 나서기 전에 지금까지 어떤 형태로 부동산 정책이 변해 왔는지 세밀하게 분석한다. 특히 지금 시행되고 있는 부동산 정책이 앞으로 지속될 것이라고 보지 않는다. 아무리 시장을 위협하는 핵폭탄의 위력을 가진 정책이라 해도 거꾸로 뒤집어서 요리조리 생각하고 판단하며, 투자의 길을 모색한다.

그러나 부동산 하수는 부동산 정책을 액면 그대로 받아들인다. 부동산 정책을 역행할 시도를 좀체 하지 않는다. 극심한 시장 규제 정책이 나오면 이를 탓하며 투자에 나서지 않는다. 부동산 정책이 어떻게 변할 것인지보다 가격 변동 추이에만 관심을 기울일 뿐이다. 결국 정책 탓만 하다가 투자할 최적의 시기를 놓치고 마는 경우가 많다.

부동산 정책은 시장과 타협하면서 끊임없이 변한다

부동산 정책은 시장과 타협하면서 끊임없이 변하고 있다. 가격이 떨어질 때는 부양 정책이 나오고, 가격이 올라갈 때는 규제 정책이 나오기 마련이다. 부동산 정책은 시장에 민감하게 반응하며 가격에 적잖은 영향을 미쳤다.

2008년, DTI(총부채상환비율) 규제가 시행되면서 시장은 급속하게 얼어붙기 시작했다. 그리하여 2010년부터는 부동산 시장을 활성화하기 위해 DTI 규제를 유연하게 운영하고 있다. 그러나 지금까지의 정책들은 급한 불을 끄기 위한 단기 처방에 급급했다. 분양가 상한제를 비롯해 소형 평형 의무 비율, 다주택자의 양도소득세 냉온탕 정책 등은 단기 처방의 극치를 보여준 정책들이다.

부동산 시장은 원칙적으로 시장경제 원리에 의해 움직이는 것이 가장 바람직하다. 즉 주택의 공급과 수요에 의해 가격이 결정되어야 한다는 얘기다. 하지만 현실은 그렇지 않다. 부동산 정책이 가격을 질질 끌고 다니는 모양새다.

우리나라와 같이 주택의 수요에 비해 공급이 턱없이 부족한 나라에서 부동산 정책을 규제 일변도로 끌고 가면 시장은 악화될 수밖에 없다. 당장은 가격이 올라가는 고통이 뒤따르더라도 시장을 규제하기보다는 공급을 늘리면서, 규제를 완화할 필요가 있다.

장기적으로 봤을 때 부동산 정책은 공급 확대로 가격 상승을 막으며 투기 수요를 차단하는 데 초점을 맞춰야 한다. 그러기 위해서는 부동산 투자의 대명사로 알려진 서울 강남 지역을 대체할 신도시 건설을 통해 공급을 확대해야 한다.

강남 지역의 교육환경을 이용할 수 있으며 출퇴근이 편리한 세곡, 우면동과 함께 과천 지역에 중산층을 유인할 수 있는 대규모 타운 조성이 필요한 이유다. 강남 지역 주변으로 중산층이 빠져나가면, 강남 지역의 아파트는 투자의 대명사에서 주거의 보통명사로 바뀔 것이다.

또한 국·공채 발행을 통해 시장의 부동자금을 적절하게 회수해 임대주택사업이나 SOC 사업에 꾸준히 투자하고 시장원리에 부합하는 조세 정책을 입안해야 한다. 이러한 정책을 시행하는 데 필요한 막대한 자원을 마련하기 위해서는 시장에서 방황하고 있는 돈 즉, 부동자금(6개월 미만 단기예금)을 장기 국공채 발행 또는 금융기관의 장기 예금을 통해 흡수해야 한다.

우리나라 부자들이 부동산에 투자하는 이유 중에 하나가 바로 상속 증여세를 줄이기 위해서다. 이를 거꾸로 이용해 부동자금을 흡수해야 한다. 즉 국공채를 통해 상속 또는 증여를 할 경우에는 세율(현행 10~50%)을 대폭(20~30%) 인하해 주어 부동자금을 흡수하면 될 것이다.

부동산 정책을 거꾸로 읽는 혜안을 길러라

부동산 고수는 부동산 시장에 대한 새로운 규제 정책이 시행되면 이리저리 뒤집어 생각하며 새로운 투자 방법을 모색한다. 시장을 활성화하려는 부양 정책이 나와도 '호들갑'을 떨지 않는다. 그들은 부동산 정책을 뒤집어 보면서 향후 시장에 어떠한 영향을 미칠지 주도면밀하게 따져본다. 다시 말해 가격에 영향을 미치는 공급의 증가가 수반되는 장기 처방과 일시적으로 가격을 잡기 위한 규제 일변도의 단기 처방을 똑 부러지게 구별한다.

　정부가 부동산 시장을 억압하고 심하게 규제할 때 부동산 하수는 숨죽이며 투자를 '올 스톱'하지만 부동산 고수는 시장 깊숙이 들어가 투자 기회를 낚는다. 정책이 바뀔 때마다 투정만 부리며 구경만 하는 사람들은 절대로 부자가 될 수 없다. 부자들은 정책이 바뀌면 바뀌는 대로 정책을 곱씹어가며 투자에 나서고 있다.

세금에
주눅 들지 마라

대치동에서 입시학원을 하고 있는 A씨(61세)

그는 대한민국의 대표적인 '부동산 부자'로 누구보다도 성실하게 세금을 납부해 온 사람이다. 그런 그가 20년 전 국세청 세무조사를 받았다. 하지만 너무 억울했다. 그는 지금까지 부동산에 투자해 오고 있지만, 세금을 탈루하거나 회피한 적이 한 번도 없다. 부동산실거래 신고제도가 시행되기(2006년 6월 1일) 전에도 업 & 다운 계약서로 위장해 세금을 회피한 적이 없었다.

그는 부동산을 매입하거나 매도할 때 가장 먼저 세금부터 따졌다. 물론 절세할 방법도 적극적으로 활용했다. 배보다 배꼽이 더 클 수도 있다고 생각하는 어마어마한 양도세 때문에 사람들이 투자를 꺼려할 때도 그는 부동산 투자에 따르는 세금을 두려워하거나 피하지 않았다.

또한 부동산 매매차익이 발생하면 양도차익을 얻은 만큼 정확하게 세금을 냈다. 그는 소득이 있으면 반드시 세금을 내야 한다는 생각을 가지고 있는 '바른 부자'였다. 부동산 투자를 잘못해서 세금을 내고 싶어도 못 내는 것보다, 양도차익을 많이 얻어 세금을 많이 내는 것이 더 좋은 일이라고 생각했기 때문이다. 그는 미리 세금을 감안하기 때문에 다른 투자자들보다 정확하게 수익성을 예측했고, 물건을 고르는 안목도 남달랐다.

부동산 재테크 중 가장 일반적인 방법은 살던 집을 팔고 좀 더 나은 지역의 넓은 집으로 갈아타는 것이다. 이 방법이 효과적인 이유는 일정 요건을 갖춘 1주택자에게는 양도세를 면해 주는 제도 때문이다.

1주택자가 2년 거주하고, 3년 보유(서울, 과천, 분당, 일산, 중동, 산본, 평촌은 2년 거주가 포함돼야 함)하기만 하면 양도가액이 9억 원 이하일 경우 양도세가 전액 비과세된다. 부동산실거래신고제도가 정착되고 양도세가 실거래가로 과세되는 상황에서 양도세 비과세는 대단한 혜택인 셈이다.

A씨는 양도세를 비롯한 부동산 세금을 절세하기 위한 노력을 게을리 하지 않았다. 그가 부동산으로 부자가 될 수 있었던 것은 세금을 두려워하지 않은 덕분이다. 여기에 부동산 세금을 정확히 납부해 가

면서 투자했기에 부동산 부자로 거듭날 수 있었다.

절세는 합법적이지만 탈세는 범죄다. 당장의 이익에 눈이 멀어 세금을 회피하는 것은 다음 번 투자에 걸림돌이 될 뿐이다. 세금을 피하는 순간 당신은 진정한 부자의 길에서 벗어나게 된다.

부동산 고수는 세금을 피하기 위해 잔꾀를 부리지 않으며, 세법에서 규정하는 룰에 따라 정도를 걷는다. 하지만 그들은 투자에 나서기 전에 먼저 부동산 세금을 꼼꼼하게 따져본다.

부동산으로 돈을 버는 것은 결코 호락호락한 일이 아니다. 부동산을 싸게 사들이고, 개발을 잘하고, 매매차익을 남기고, 세금을 절약하는 모든 것을 조화시킬 수 있어야 부동산 투자에서 성공할 수 있다. 부자들은 이 조화를 위해 끊임없이 공부한다.

그러나 부동산 하수는 투자도 시작하기 전에 어마어마한 세금 폭탄에 겁부터 먹는다. 아직 투자하지도 않은 부동산에 대한 양도세 등의 세금 걱정으로 투자를 포기하기도 한다. 하수들은 부동산 세금에 상당히 민감하다.

하지만 절세 방법은 많다. '증여세'를 절세하는 방법을 예로 들면, 부동산이 저평가된 시점에 증여하고 수증자(증여를 받는 사람)의 숫자를 늘려 과세표준액을 줄이면 절세에 도움이 된다. 또한 대출금이나 전세보증금 등을 이용한 '부담부증여'와 할아버지가 자식이 아닌 손자에게 물려주는 '세대생략증여' 등의 방법이 있다.

부동산에 대한 조세 정책은 경제를 운영하는 데 매우 중요하다. 세금이 감소하면 재정에 상당한 어려움을 줄 수밖에 없다. 그렇다고 무조건 세율을 올려 세수를 늘리는 방법은 시장을 침체시킬 수 있다. 세율을 올리면 거래량이 줄어들고 시장은 침체된다. 당연히 세수가 감소할 것이다.

다시 말하면 시장을 살리고 세수를 늘리기 위해서는 세율을 인하하는 것이 좋다. 시장을 활성화하면 세율을 인상하지 않고도 자연히 세수가 증가하기 때문이다. 부동산 시장을 활성화하기 위해서는 부동산 거래세(취·등록세)를 비롯해 양도소득세의 세율을 인하할 필요가 있다.

고대 로마제국의 티베리우스(Tiberius Julius Caesar Augustus) 황제는 "양을 죽여서 고기를 먹으려 하지 말고 털을 얻는 대상으로 생각해야 한다"라고 말했다. 세금 인상에 부정적인 견해를 드러낸 것이다. 그래서 그는 세금의 종류를 단순화했고, 긴축재정을 실시하면서 시장을 활성화하는 데 주력했다. 백성들은 환호했고 시장은 곧 활성화되었다.

부동산 가격의 상승 또는 하락 여부를 떠나 시장은 활성화해야 한다. 지금까지 조세 정책은 시장이 침체에 빠져 활성화할 필요가 있거나 급격한 가격 상승이 시장을 불안하게 만드는 경우, 가격의 움직임을 억제해 주는 아스피린과 같은 역할을 했다.

하지만 지금은 세금에 대한 내성이 생겨나기 시작해 그 효과가 반감되고 있다. 물론 투자자나 실수요자들에게 미치는 심리적인 영향은 큰 편이다.

부동산에 붙는 세금의 종류는 9가지다. 부동산을 매입할 때는 취득세, 등록세, 부가가치세(건물)를 내야 한다. 그리고 보유할 때는 종합부동산세, 재산세, 종합소득세(임대소득)를 내야 하며 처분할 때는 양도세, 상속세, 증여세를 내야 한다. 주식 투자를 할 때 내는 세금보다 그 종류와 수가 많고 계산도 복잡하다.

그 밖에도 감안해야 할 것이 많다. 예를 들어 '양도세'는 상속으로 인한 2주택인 경우에는 일반 주택을 양도할 때 비과세 여부를 판정하며, 직계존속의 동거봉양을 위해 일시적인 2주택인 경우에도 세대를 합친 날부터 2년 이내 먼저 양도하는 주택, 혼인으로 인한 일시적인 2주택인 경우에는 혼인한 날부터 2년 이내 먼저 양도하는 주택이 비과세 요건을 갖추면 비과세 혜택을 받을 수 있다.

이 업계에 몸담고 있는 전문가인 나도 끊임없이 개정되는 세법을 빠짐없이 공부하고 있다. 부자들은 세무사들에게 맡겨놓지만은 않는다. 딱딱하고 재미는 없지만 세무 세미나에 참여해 수시로 바뀌는 세법을 배우며 절세 방법을 공부한다.

부동산 투자를 할 때는 매매차익이나 개발이익만 고려해서는 안 된다. 부동산이 움직이는 모든 과정에서 발생하는 세금을 절세하는 방법도 수익에 직결되므로 면밀히 따져봐야 한다. 부자들은 부동산 투자 전에 조세 정책이 시장에 끼치는 영향을 주시한다. 그리고 실행에 나서기 전에 자신이 부담하게 될 세금을 반드시 세밀하게 계산해본다.

부동산 세금에 겁먹는 순간 부자가 되는 길은 멀어진다

부자들은 절대 세금을 두려워하지 않는다. 투자하기 전부터 세금 걱정에 빠져 투자를 포기하지 마라. 세금 걱정에 지레 겁부터 먹지 말고 부자들처럼 '세금 폭탄의 벽'을 극복해야 한다. 또한 세금 걱정만 하지 말고 양도차익을 극대화할 방법을 모색하라. 부자가 되고 싶다면 먼저 부동산 세금에 대한 두려움을 뛰어넘어야 한다.

세테크의
달인이 되라

부천에서 잘나가는 산부인과 원장인 M씨(57세)

그는 친구들 사이에선 절세의 달인으로 통한다. 세금에 관한 지식이 가히 박사 수준이다. 그가 밀려드는 환자를 돌보면서도 자타가 공인하는 세테크의 달인이 된 데는 사연이 있다.

10년 전, 그는 병원에서 생긴 수익으로 이태원의 상가 건물에 15억 원을 투자해 자산을 50억 원 이상 불렸다. 그런데 어느 날 영문도 모른 채 세무조사를 받게 되었다. 그가 세무법을 제대로 몰라 병원 매출액 신고가 조금 누락되었고, 그래서 부동산 투자금의 출처를 문제 삼은 당국에서 세무조사를 나온 것이다.

자금출처를 소명하는 데 최선을 다했음에도 결국 6억 7,000만 원 정도의 세금을 추징당했다. 그동안 남한테 부끄럽지 않게 살아왔다고 자부하는 그였기에 너무 창피해서 쥐구멍에 숨고만 싶었단다.

이후 그는 병원에서 발생하는 모든 매출을 10원 한 장까지 빼놓지 않고 신고했다. 전담 세무사에게만 맡겨놓지 않고 직접 챙기고 또 챙겼다. 이후 부동산에 더 적극적으로 투자한 그는 투자하기 전 관련된 세금에 대해서도 철저하게 공부했다. 그리고 10원 한 장까지 정확하게 세금을 납부했다. 그 결과 최근에는 국세청으로부터 모범 납세자로 표창까지 받게 되었다.

지난해 그의 아들이 결혼 생활 5년 만에 성격 차이로 이혼을 하게 되었다. 그는 가슴은 아팠지만 어쩔 수 없는 현실이라고 인정했다. 시어머니로서 아들 내외가 잘 정리하도록 도와주는 방법밖에 없었다.

현재 아들 소유로 되어 있는 아파트는 공동으로 장만했지만, 손주를 키우는 데 조금이나마 도움이 될까 싶어서 며느리에게 주기로 결심했다. 그러나 그는 아파트의 소유권이 며느리에게 이전될 때도 세금이 과세될 수 있다는 사실을 알고 있었다. 등기 원인에 따라 과세 여부가 결정되기 때문이다. 만약 등기 원인이 이혼 위자료일 경우에는 양도세를 물어야 한다. 하지만 등기 원인이 재산분할청구인 경우에는 양도 또는 증여로 보지 않기 때문에 비과세가 된다. 그래서 그는 재산분할청구를 통해 등기하는 방법으로 아파트 소유권을 넘겨줘 절세를 했다.

부동산 시장이 과열되면 국세청에서는 으레 자금출처를 조사하겠다고 으름장을 놓는다. 부동산 투자자에 대한 자금출처 조사는 아무런 기준 없이 하는 것이 아니다. 우선 부동산 거래 빈도가 많은 사람이 대상이 된다. 물론 자금출처가 명확하고, 매매하는 과정에서 정확하게 세금을 납부한 경우에는 전혀 문제가 되지 않는다. 또한 새로 매입한 부동산 가격이 일정한 기준 금액(10년 이내 취득한 부동산 가격의 합산)에 미치지 못하면 자금출처 조사에서 배제된다.

예를 들어 40세 이상 세대주가 8년 전에 주거용 오피스텔을 1억 5,000만 원에 매입했고, 최근 소형 아파트를 2억 5,000만 원에 매입했다면 자금출처 조사를 면제받게 된다. 다만 10년간 취득한 재산가액의 합계액이 일정한 기준 금액에 미치지 못해 자금출처조사배제 기준에 들더라도, 객관적으로 증여 사실이 확인되면 증여세가 과세될 수도 있다.

그러나 1년 이내의 단기 매매 또는 투기성 자금은 세무조사를 받을 가능성이 높다. 또한 미성년자 등에게 재산을 이전하는 등 증여를 한 혐의가 있을 때는 단순한 서면 확인이 아닌 자금출처와 흐름을 철저하게 조사받게 된다.

조사 결과 증여 사실이 밝혀지면 무거운 세금을 부담해야 한다. 그리고 증여한 사실이 확실하면 증여 재산 가액에 대해 최저 10%에서 최고 50%에 해당하는 증여세와 과태료까지 부담해야 한다. 자진신고 및 납부를 하지 않았다면 정상 신고한 때에 비하여 세금을 30% 이상 더 물게 된다.

전문가도 감탄할 만큼의 세테크 내공을 쌓아라

부동산 하수는 세테크에 무관심하다. 조금만 관심을 기울여도 절세에 도움이 되는데 복잡하고 어렵다는 이유로 거들떠보지도 않는다. 그러나 부동산 고수는 아무리 어렵고 복잡한 세금이라도 그냥 지나치는 법이 없다. 지나칠 정도로 꼼꼼하고 면밀하게 따진다. 백화점 문화센터 세무 강좌를 수강하는 것은 기본이고, 유명 전문가를 찾아다니며 자문을 받는다. 덕분에 부동산 세금에 대해서만큼은 세무사처럼 철저하게 잘 알고 있다.

부동산 투자로 부자가 되고 싶다면 주변 사람들에게 전문가 대신 상담해 줄 수 있을 정도로 해박한 지식을 쌓을 때까지 세금을 공부하라. '시간이 없어서 못했다'는 말은 세대 불문, 직종 불문하고 무조건 변명에 지나지 않는다. 정말 시간이 없다면 잠자는 시간을 줄여서 공부하라.

그러면 양도세를 정해진 기일까지 자진납부하지 못해 과태료를 무는 일은 절대 일어나지 않을 것이다. 또한 투자에만 급급한 나머지 자금출처에 대해서는 아무런 준비도 하지 못해 힘겹게 거둔 투자수익이 물거품이 되는 것을 지켜만 봐야 하는 일도 결코 생기지 않을 것이다.

✪ 자금출처조사배제기준(10년 이내 취득한 부동산 가격의 합산)

구 분	주 택	기타 자산	비 고
30세 이상 비세대주	1억 원	5,000만 원	
30세 이상 세대주	2억 원	5,000만 원	
40세 이상 비세대주	2억 원	1억 원	
40세 이상 세대주	4억 원	1억 원	

※ 30세 미만이면 세대주 여부를 떠나 주택 5,000만 원, 기타 자산 3,000만 원 미만이면 자금출처
  조사를 받지 않는다.

머리 아프고 어렵다고 세테크를 멀리하거나 피하면 돈이 새어나가고 만다. 부동산 고수들도 처음부터 세테크의 달인은 아니었다. 공부하고 또 공부한 결과다.

돈의 흐름에
예민해져라

부산에서 일식당을 경영하고 있는 P씨(45세)

그는 2004년에 선친의 땅(4,892㎡)이 수용된다는 통지를 받았다. 토지보상금(3.3㎡당 200만 원, 29억 6,000만 원)을 받아 큰돈이 생겼지만 마땅한 투자처도 없고 해서 토지보장금을 정기예금(3개월)으로 운용했다.

저금리의 영향도 있었지만, 은행 PB들이 얘기하기를 최근 들어 자산가들이 단기자금에 많이 넣어둔다고 했기 때문이다. 당시 기업도시를 비롯한 혁신도시 개발에 따른 토지보상금이 엄청나게 시장으로 유입되었고, 이러한 영향으로 시중의 부동자금이 500조 원을 넘나들었다.

그는 단기자금이 늘어나고 있다는 사실에 주목했다. 부자들이 단기자금으로 운용한다는 것은 실물자산, 즉 부동산에 투자하려는 대기성 수요자금이 많다는 뜻도 됐다. 그는 이런 추세로 보건대 토지 보상금을 받은 사람들이 인근의 토지를 다시 매입하기 시작하면 전국의 토지 가격이 상승할 것이라고 판단했다. 그래서 망설임 없이 단기로 운용하던 금융자산 중 50% 정도를 경기도 화성에 있는 땅에 투자했다.

그의 예상은 적중했다. 2010년 기준으로 3배 정도 가격이 올랐다. 하지만 가격이 좀 올랐다고 처분해 이익을 실현할 생각은 전혀 없다고 한다.

이처럼 부자들은 돈의 흐름을 보고 투자할 곳을 찾는다. 부자들은 시중금리가 낮을 때는 돈의 흐름을 보고 시장 상황을 정확히 판단한다. 나는 부자들이 금융자산을 장기로 운용하지 않고 단기로 운용하면서, 실물자산인 부동산에 지대한 관심을 기울이는 것을 많이 봐왔다. 그리고 그들은 기회가 왔을 때 과감하게 부동산에 투자했다.

그러나 부자가 아닌 사람들은 시장에 돈이 쌓이든 말든 큰 관심이 없다. 오히려 시중금리가 낮을수록 0.1%의 금리를 더 받기 위해 단기가 아닌 장기로 운용하는 경향이 강하다. 그러나 단언컨대 이렇게 자금을 장기로 운용하면 기회가 왔을 때 부동산에 투자하기가 어려워질 뿐이다.

원론적으로는 인구가 늘어나야 부동산 시장이 활성화된다. 즉 주택 수요가 증가해야 가격이 상승한다는 얘기다. 하지만 가격 상승을 뒷받침하기 위해서는 반드시 통화량 증가가 뒤따라야 한다. 여기에 저금리 기조가 뒷받침된다면, 부동산 시장은 분명 활성화될 것이다. 그러나 돈이 한쪽 방향으로만 흘러간다면 부동산 시장은 버블(Bubble)의 위험이 높아져 경제에 악영향을 끼친다.

경제 성장을 동반하지 않은 집값 상승은 다른 실물자산에 대해서도 투기를 조장해 가격을 끌어올린다. 그러다 시장이 이성을 찾는 순간에 실물자산의 가격은 비누 거품처럼 폭락해 개인의 자산은 물론이고 국가경제에도 악영향을 미칠 수밖에 없다.

서기 33년 로마제국에 금융 위기가 닥쳤다. 금융업자들이 국내보다 높은 이자를 받을 수 있는 해외로 돈줄을 돌렸기 때문이다. 국내 시장에서 돈이 돌지 않자 금융업자들은 일제히 채권 회수에 나섰고 신규 대출은 전면 중단하였다. 시장이 '동맥경화'에 걸린 것이다. 결과적으로 부채 상환에 시달리게 된 채무자들은 땅을 팔아 빚을 갚으려 했다. 이로 인해 땅값이 폭락하고 파산자가 속출했다.

이에 티베리우스 황제는 즉시 공적 자금을 투입했다. 그 결과 돈의 흐름을 진정시켜 영세한 중·소농장들이 부도나는 것을 막고 금융 위기를 극복할 수 있었다.

부자들은 부동자금(6개월 미만 단기예금)의 향배에 관심을 집중한다. 부동자금이 줄어들면 투자를 보류하고, 부동자금이 늘어나면 부동산 투자에 적극적으로 나선다. 부자들은 코스피 지수보다 MMF, MMDA, CMA 등 단기성 부동자금에 주목한다.

시중금리가 높을 때는 금융시장의 매력에 빠져 돈이 움직이지 않지만, 시중금리가 내려가면 자본이 부동산 시장으로 이탈한다. 이러한 특성을 꿰뚫고 있는 부자들은 시중금리가 높을 때보다 낮을 때 부동자금의 흐름에 더 주목한다.

좀더 주도 면밀하게 호시탐탐 투자의 기회를 엿봐라

부자들은 시중금리가 상승한다고 덩달아 춤추지 않는다. 더 큰 수익을 노리는 부자들은 시중금리에 만족하지 않는다. 시중금리의 달콤한 유혹에 사로잡히는 순간 부자로 가는 길은 막히고 만다는 사실을 잘 알고 있다. 때문에 이자를 1~2% 덜 받더라도 MMF, MMDA, CMA, 3개월 미만 정기예금 등 단기자금으로 운용하면서 항상 부동산 투자 기회를 엿본다.

이렇게 부자들은 돈이 어디로 흘러가는지 항상 주도면밀하게 살피며 호시탐탐 투자의 기회를 엿본다. 또한 돈이 흘러 들어가는 곳을 예측하고, 돈의 움직임보다 앞서 투자에 나선다. 그리고 경쟁자보다 빨리 실행에 옮긴다.

부동산은
직접 확인하라

논현동에서 가구점을 하는 A씨(50세)

그는 지역에서는 모르는 사람이 없을 정도로 소문난 부자로, 땅 투자의 귀재로 통한다. 그가 처음부터 땅 투자의 귀재였던 것은 아니다. 10여 년 전 경험한 한 번의 큰 실패가 그에겐 터닝 포인트였다.

2002년, 원룸 임대사업을 하기 위해 대상 토지를 물색하던 중 3호선 신사역 지하철 역세권 주변에 위치한 3종 일반주거지역(396㎡의 땅)을 발견했다. 건폐율 50%에 용적률이 250%여서 6층까지 건물을 올릴 수 있었다. 그런데 소유권 이전등기를 마치고 건물을 지으려고 보니 4층까지밖에 지을 수 없다는 것이었다.

좀 더 자세히 알아봤더니 역사문화미관지구로 묶여 있어 여기에서는 20m 도로를 끼고 있지 않으면 건물을 4층까지밖에 신축할 수 없다는 것이었다. 처음부터 건물 신축에 따른 인허가까지 염두에 두고 땅을 매입했어야 했는데, 용도지역만 확인한 것이 문제였다. 용도지구와 용도구역까지도 꼼꼼하게 살펴보지 못한 자신의 무지를 탓할 수밖에 없었다. 결국 건물은 짓지도 못하고 12억 원을 투자해 3억 원을 손해 보고 급매로 처분했다.

이러한 큰 실패를 경험한 이후, 그는 투자하는 땅에 관한 모든 내용을 치밀하게 살펴보게 되었다. 용적률에 영향을 미칠 수 있는 용도지역을 비롯해 용도지구, 용도구역 등의 세부 내용까지도 철저하게 공부했다. 이것만으로 부족한 부분들은 해당 시·군·구청에 직접 확인하고 투자를 한 덕에 지금은 자타가 공인하는 전문가 수준에 이르게 된 것이다.

이처럼 땅에 투자할 때는 용적률을 철저하게 확인해야 한다. 용적률에 따라 건물의 크기가 결정되고, 자산가치에 많은 영향을 미치기 때문이다. 부동산 투자에서는 미래가치가 매우 중요한데, 미래가치는 결국 건폐율과 용적률을 비롯한 공법의 제한 사항에 따라 결정되는 경우가 많다. 용적률은 대지 면적에 대한 건축물 연면적의 비율을 말한다.

이때 지하 부분의 면적은 연면적에서 제외한다. 지상에 지어지는 건축물의 바닥 면적을 기준으로 계산한다. 바닥 면적이란 기둥이나 외벽의 중심선으로 둘러싸인 면적을 말한다. 발코니의 경우 그 면적에서 외벽에 접한 가장 긴 길이에 1.5m를 곱한 면적을 제외한 나머지 면적은 바닥 면적에 포함된다.

그러나 바닥 면적이라 하더라도 필로티, 승강기탑, 장식탑 등 공중의 통행이나 주차에 사용되는 부분은 제외된다. 또한 20층 이상의 공동주택은 지상층에 기계실·어린이 놀이터·조경시설 등을 설치하는 경우 그 부분은 바닥 면적에 포함시키지 않는다. 용적률의 세부 기준 '국토의 계획 및 이용에 관한 법률 시행령'에서 정한 최대 한도 범위 내에서 해당 지방자치단체가 조례로 정하고 있다.

용적률은 건물의 크기를 결정한다. 똑같은 위치에 있는 상가 건물이라면 3층짜리 건물이냐 5층짜리 건물이냐에 따라 임대수익에 큰 차이가 날 수밖에 없다. 이뿐만 아니라 자본수익에도 직접적인 영향을 미치며, 단연코 5층짜리 상가 건물의 가격이 더 비싸다. 다시 말해 한 평이라도 크게 지어야 임대수익과 자산가치가 커진다는 얘기다.

용적률은 한 치의 오차도 없이 꼼꼼히 따져라

용적률은 그 크기에 따라 투자수익을 증가시키기도 하고 감소시키기도 한다. 부자들은 이러한 용적률의 중요성을 잘 알고 있다. 그래서 그들은 항상 토지나 상가 건물에 투자할 때 용적률을 빼먹지 않고 확인한다. 단순히 서류상으로 용적률을 확인하는 데 그치지 않고 해당 시·군·구청과 현장을 찾아다니며 정확하게 확인한다.

When보다
What으로 포착하라

미아동에서 숙박업을 하고 있는 D씨(48세)

그는 70억 원대 부동산 부자지만 항상 전세 시장을 주시한다. 전셋집이 필요한 것도 아닌데 전세시장에 관심을 갖는 이유는 하나다. 그의 어마어마한 현재의 자산은 모두 전세금을 끼고 투자해서 얻은 결과물이기 때문이다.

물론 집값이 떨어질 때는 뜻하지 않게 전세금을 빼줘야 하는 경우도 있지만, 지금까지 전세 보증금을 활용해 엄청난 수익을 거둬왔다. 2000년, 그는 부족한 종잣돈을 대신해 전세금 1억 2,000만 원을 끼고 압구정동의 한양아파트(89㎡)를 3억 1,000만 원에 매입했다. 현재 시세는 당시 매입가보다 6억 5,000만 원 이상 올랐다. 1억 9,000만 원을 투자해 342%의 수익률을 올린 것이다.

그 뒤로 그는 전세 수요가 많은 아파트에만 투자했다. 전세금이 매매가격의 50~60%가 넘어가는 아파트에 투자했고, 40%를 밑도는 아파트에는 투자하지 않았다. 지금까지 5채의 아파트에 투자해 12억 5,000만 원 정도의 수익을 냈다. 물론 한양아파트가 재건축되면 수익률은 좀 더 올라갈 것이다.

이처럼 부자가 되는 사람들은 자기 자금만 가지고 투자하지 않는다. 부자들이 전세시장을 주시하는 가장 큰 이유는 이자 비용이 없는 전세금을 끼고 부동산 투자에 나서기 위함이다. 그래서 전세가가 들썩이면 부자들의 움직임도 빨라지는 것이다. 매매시장이 조용할 때, 전세시장의 움직임은 오히려 더 빨라진다. 이 때문에 투자자들은 매매시장이 한숨 돌리고 있을 때, 전세시장의 변화를 예의 주시한다. 부자들은 전세가가 매매시세의 50%만 넘어가면 바로 투자를 실행에 옮긴다. 최적의 투자 시점은 매매시세 대비 전세가가 50%를 넘어서 60%에 근접할 때다.

반면 부자가 아닌 사람들은 전세가 변동 추이를 단순하게 세입자의 눈높이에서만 바라본다. 전세금을 끼고 아파트에 투자하는 것은 상상도 못한다.

서울 강남 지역 아파트(전용면적 85㎡) 가운데는 전세가가 8억 원을 넘어서는 곳이 수두룩하다. 수도권에서는 아파트를 매입하고도 남는 가격이다. 분명 전세시장이 혼란에 빠질 수 있는 위기 상황이 도래하고 있는 것이다.

그런데도 전셋집을 얻기 위한 대기 수요자들이 구름 떼처럼 몰려들고 있다. 문제는 전세가의 오름세는 곧바로 매매가 상승에 영향을 미친다는 데 있다. 매매가 상승은 집 장만을 못한 실수요자들에게 더 큰 고통을 주기 때문에 이를 방치하면 더 큰 화를 부를 수 있다.

전세가가 올라간다는 것은 대기 수요에 비해 공급이 부족하다는 것을 의미한다. 그러므로 우선 공급 확대에 나서야 한다. 정부는 무주택 서민들에게 보금자리주택을 지속적으로 공급해야 한다. 또한 저금리의 전세자금 대출도 확대할 필요가 있다. 여기에 강남 지역 재건축을 통한 공급도 서둘러야 한다. 시기를 놓치면 전세가와 매매가의 거침없는 상승을 막을 수 없게 된다.

전세가를 주시하라

부자들은 전세가의 변동을 주시하며 투자 시점을 포착해낸다. 만약 당신이 전세시장을 세입자들의 관심 영역으로만 여긴다면 평생토록 부자가 될 수 없을 것이다. 부자들이 전세시장을 항상 주시하며 민감하게 반응하는 것은 전세금을 올려 받기 위해서가 아니라 투자의 잣대로 보기 때문임을 명심하자.

"전세가 폭등으로 서민들만 죽어나는 마당에 무슨 전셋집 투자냐? 그건 돈 많은 부자들에게나 해당하는 말 아니냐?"라고 반문하는 사람들이 많을 것이다. 그렇지만 이런 태도로는 절대 부자가 될 수 없다.

로저 베이컨은 "부를 경멸하는 태도를 보이는 사람은 신용할 수 없다. 부를 얻는 것에 절망한 사람이 부를 경멸하는 것이다"라고 말했다.

부자들이 부자일 수 있는 것은 처음부터 돈이 많았기 때문이 아니다. 많은 부를 가지고서도 더욱 큰 부자가 되기를 꿈꾸었기 때문이다. 부자가 되기를 꿈꾼다면 그들을 경멸할 것이 아니라 그들만의 투자 패턴과 부자가 되기 위해 노력한 열정을 배워야 한다.

제 5 장

대한민국 최고 부동산 전문가, 고준석에게 직접 묻는다

|Q&A| 다른 사람이 농사를 짓고 있는 제 땅의 소유권이 유효할까요?

Q : 18년 전에 선친이 농사짓던 땅 1만 1500㎡(약 3,500평)를 상속받았습니다. 사업이 바쁘다는 핑계로 관리를 못하고 있었는데, 언젠가부터 누군가 그 땅에 농사를 짓고 있다는 얘기를 들었습니다. 지금까지 농사를 짓는 대가로 토지임대료를 받지 않았고 땅에 대한 임대차 계약도 하지 않았습니다. 땅을 오랫동안 다른 사람이 사용하면 소유권을 빼앗길 수 있다는 말을 들었는데 정말인지 궁금합니다.

– 사업가 K씨

A : 반드시 토지 임대료를 받든가 계약서를 작성해야 합니다

본인 땅이라도 누군가 오랫동안 점유하면서 농사를 지었다면 점유자는 그 땅의 소유권을 취득하게 됩니다. 이것을 법률 용어로 '점유시효취득'이라고 합니다. 그러나 단순히 땅을 오래 점유했다고 해서 소유권을 주지는 않습니다. 점유취득시효를 인정받기 위해선 법에서 정한 몇 가지 기준을 충족해야 합니다.

우선 땅을 사용한 기간이 최소 20년 이상이어야 합니다. 이 기간에 땅을 사용하면서 소유자와 어떤 계약도 맺지 않고, 어떤 대가도 지불하지 않아야 합니다. 폭력을 사용하거나 물리적인 힘을 사용하는 등 소유자의 의사와 관계없이 강제로 땅을 사용해서는 안 되고, 소유자뿐만 아니라 누구나 알 수 있도록 떳떳하게 사용해야 합니다.

위의 경우엔 다른 사람이 농사를 지어온 기간이 20년이 안 되기 때문에 다행히 소유권을 지킬 수 있습니다. 그러나 땅에 대한 권리를 행사하지 않으면 2년 후에는 소유권을 상실할 수 있기 때문에 서둘러서 권리관계를 명확하게 해야 합니다.

땅을 사용하는 사람에게 토지 임대료를 받든가, 계약서를 작성하면 됩니다. 사실관계를 밝혀두면 땅을 점유한 사람이 점유취득시효로 소유권을 주장할 수 없고, 소유자는 땅을 안전하게 지킬 수 있습니다.

|Q&A| 아파트에 대지권이 없는데 괜찮을까요?

Q : 결혼 5년차 맞벌이 부부로 2억 5,000만 원 정도의 종잣돈으로 내 집을 마련하려고 합니다. 법원 경매를 통하면 중개업소를 통해 매입하는 것보다 20~30% 정도 싸게 매입할 수 있을 것 같아 실행에 옮기기로 했습니다. 그런데 마음에 드는 아파트가 있어 경매에 참여하려고 보니, '대지권 미등기'라는 표시가 있습니다. 대지권은 무엇이며, 대지권이 미등기로 되어 있어도 괜찮은지 궁금합니다.

  – 결혼 5년차 맞벌이 부부

A : 대지사용권이 있는지 반드시 확인하세요

대지권은 아파트를 비롯한 연립주택 또는 빌라 등 집합건물의 구분소유자가 전유부분을 소유하기 위하여 건물의 대지에 대해 가지는 권리를 말하며, 건물과 분리해서 처분할 수 없습니다(부동산등기법 제42조).

경매 물건에 '대지권 없음' 혹은 '대지권 미등기' 라고 표시되어 있다면 철저히 따져보고 경매에 참여해야 합니다. 특히 조심해야 할 물건은 처음부터 아파트 소유자에게 대지권이 없는 물건입니다.

대지권이 없는 아파트는 대지권 소유자에게 매도 청구를 당하면 소유권을 상실할 수 있습니다. 건물에 대한 소유권을 지키기 위해서는 추가로 대지권을 매입해야 합니다.

반면, 걱정하지 않아도 되는 물건도 있습니다. 아파트 소유자에게 대지사용권은 있으나, 해당 지역의 도시개발사업 또는 재개발사업으로 아직 토지의 분할이 완료되지 못한 경우에는 크게 걱정하지 않아도 됩니다. 개발사업에 따른 환지 또는 합필 등의 절차가 마무리되면 당연히 아파트 소유자는 대지권을 취득할 수 있기 때문입니다.

따라서 '대지권 없음', '대지권 미등기' 라고 표시되어 있는 물건을 매입하거나 경매에 참여할 경우에는 반드시 대지사용권이 있는지 살펴봐야 합니다. 대지사용권은 건물 부분을 소유하기 위하여 건물에 대하여 가지는 권리를 말합니다(집합건물의 소유 및 관리에 관한 법률 제4조). 경매 물건의 법원 감정가가 대지와 건물을 각각 구분해 평가하여 정해졌다면 대지사용권, 즉 대지권이 있는 것으로 간주할 수 있습니다. 참고로 신규로 분양하는 아파트의 경우에는 분양 계약서 및 분양 대금을 납부한 내역서에 대지에 대한 분양가가 포함되어 있으면 대지권이 있는 것으로 보면 됩니다.

|**Q&A**|

집을 사려는데
급매와 경매 중
어느 것이 유리할까요?

Q : 집주인이 전세가격을 또 올려달라고 해, 내 집을 마련하려고 합니다. 아이들 교육환경과 출퇴근을 고려해 분당 지역에 집을 장만하려고 계획하고 있습니다. 며칠째 중개업소를 찾아다니고 있는데, 정자동에 매매시세보다 5,000만 원 정도 싼 아파트가 급매로 나왔다고 합니다. 그런데 또 다른 중개업소에서는 경매로 내 집을 마련하면 더 유리하다고 권유하고 있습니다. 도대체 누구 얘기가 맞는지 모르겠습니다. 내 집 마련의 경우 급매가 유리한지, 아니면 경매가 유리한지 궁금합니다. – 회사원 M씨

A : 침체기엔 급매물을 노리는 게 좋습니다

경매로 내 집을 마련해 보면 어떨까? 아니면 산처럼 쌓여 있는 급매물로 살까? 한 푼이라도 더 싸게 매입하기 위한 실수요자의 행복한 고민이 시작된 지 오래입니다. 그러나 경매나 급매가 때론 독이 될 수도 있습니다. 경매와 급매의 가장 큰 공통점은 시장가격보다 싸게 살 수 있는 점이지만, 무조건 싸게 매입할 수 있는 것만은 아닙니다. 경매와 급매는 매입 시점과 매물의 특성에 따라 사정이 달라지기 때문입니다.

우선 급매물이란 빨리 처분하고 싶어하는 매물이라는 뜻이지만, 시장에선 싸게 팔고 싸게 살 수 있는 매물이라는 의미로 통하고 있습니다. 특히 급매물은 경매 물건과는 반대로 부동산 가격이 떨어질 때 매입하는 게 더 유리합니다. 현재의 떨어질 때로 떨어진 매매시세에서 또 할인을 받아 매입할 수 있기 때문입니다.

두말할 필요 없이 지금의 아파트 시장을 고려해 보면 급매가 당연히 경매보다 유리합니다. 다시 말해 급매물은 부동산 가격이 상승할 때보다, 지금과 같이 실수요자 우위 시장이 형성되었을 때 매입하는 게 좋습니다.

경매는 무엇보다 매입 시점이 중요합니다. 일반적으로 경매 물건은 부동산 가격이 상승하거나 또는 안정되었을 때 매입하는 게 유리합니다. 그러나 지금처럼 가격이 하락하는 시기에는 경매는 쳐다보지도 말아야 합니다. 경매 진행 기간을 따져보면 짧아야 6개월이고 길면 1년 넘게 걸릴 수도 있습니다.

예를 들어 부동산 가격이 높을 때 법원 감정가를 매기고, 그 뒤 계속 부동산 가격이 떨어진다면 80~90% 수준에서 매수한다 해도 현재의 매매시세와 비슷하게 매수할 수밖에 없습니다. 이런 경매 기간의 특성을 감안하면 부동산 시장이 숨을 죽이고 있는 침체기에는 경매를 피하는 것이 좋습니다. 경매가 시도 때도 없이 유리한 것만은 아니고, 시장 상황에 따라 오히려 비싸게 매입하게 될 수도 있다는 얘기입니다.

|Q&A| 전세를 준 아파트가 심하게 훼손됐는데 수리비를 청구할 수 있나요?

Q : 결혼 8년 만에 새 아파트(92㎡)를 장만하였는데, 사정이 생겨 1억 2,000만 원에 전세를 줬습니다. 그런데 아파트 내부를 심하게 훼손해 전세 계약이 만료되는 내년 2월에 임차인을 내보내고 직접 입주할 생각입니다. 이럴 경우 임차인에게 통보하지 않아도 자동적으로 전세 계약이 해지되는지, 만약 계약 해지를 통보해야 한다면, 언제까지 해야 하는지 궁금합니다. 또 훼손된 임대 건물의 수리비를 청구하려고 생각하고 있는데 이것이 가능한지 알려주세요.

– 50대 가정주부 S씨

A : 수리비를 제외하고 전세 보증금을 반환하면 됩니다

임대차 기간이 만료되었다고 해서 계약이 자동적으로 해지되는 것은 아닙니다. 물론 임차인도 무조건 전셋집을 비워줘야 할 의무가 없습니다.

임대차 계약이 만료된 경우 재계약을 원하지 않을 때는 임대인은 계약 기간 만료 6개월 전부터 1개월 전까지 임차인에게 계약 해지, 조건 변경, 임대 보증금 인상 등의 내용을 통지해야 합니다. 만약 이 기간에 통지하지 않고 계약 기간이 만료된 때는 그 전 임대차계약과 동일한 조건으로 계약 기간이 자동 연장된 것으로 봅니다. 한편 임차인도 재계약을 원하지 않는 경우에는 임대인에게 계약 기간 만료 1개월 전까지 계약 거절 통지를 해야 합니다(주택임대차보호법 제6조).

한편 임차인은 임차권을 갖는 동시에 임차 건물을 사용·수익하는 대가로 임차료를 지급해야 합니다. 여기에 임차 건물 보관에 대한 선량한 관리 의무가 있습니다. 만약 임차인이 건물을 파손하거나 훼손했다면, 임차 건물을 보관할 채무를 위반한 결과가 되어 채무 불이행에 의거한 손해배상책임을 져야 합니다. 또 임대차계약이 끝나지 않았다 해도 계약을 해지할 수 있습니다(민법 제544조, 제546조). 따라서 임대인은 임대 건물이 훼손된 경우에는 당연히 건물 수리비를 청구할 수 있으며, 임대 보증금이 있다면 수리비를 공제하고 전세 보증금을 반환할 수 있습니다.

|Q&A| 결혼하는 아들에게 증여세를 내지 않고 집을 사 줄 방법이 있나요?

Q : 올가을 결혼을 앞두고 있는 아들(29세, 연소득 3,000만 원)에게 2억 5,000만 원 상당의 소형 아파트를 사 주려고 합니다. 그런데 알아보니 아들의 직장 생활 기간이 짧아 자금출처 조사를 받을 수도 있고, 이때 소명을 제대로 하지 못하면 증여세를 물어야 한다고 합니다. 자금출처 조사 대상의 기준은 어떤 것이며, 증여세를 내지 않고 아들에게 아파트를 사 줄 방법이 있는지 궁금합니다.

– 50대 주부 K씨

A : **자금출처의 80%까지 소명할 수 있어야 합니다**

아파트를 사 줄 경우 아드님은 매입자금에 대해 증여세를 물을 가능성이 높습니다. 아파트를 사 준다면 2억 5,000만 원의 80%에 해당하는 2억 원에 대해서는 자금출처를 분명하게 소명해야 합니다. 국세청 증여추정배제기준에 따르면 만 30세 미만인 사람이 5,000만 원 이상의 주택을 구입하는 경우에는 주택 구입 자금의 출처를 밝혀야 하기 때문입니다.

이때 부동산 매입가의 80%에 대하여 자금출처를 소명해야 하며, 소명하지 못한 부분은 증여로 간주되어 증여세를 내야 합니다. 지금은 아드님의 직장 생활 경력이 짧아 자력으로 아파트를 장만했다고 인정받기 어렵습니다. 게다가 나이가 만 30세 미만이기 때문에 자금출처 조사를 받을 가능성도 매우 높습니다.

아드님에게 아파트를 사 주시고 싶다면 자금출처 조사에 철저하게 대비해야 합니다. 우선 자녀(직계비속)에게는 10년간 3,000만 원(미성년자인 경우 1,500만 원)까지 비과세로 증여할 수 있습니다. 아들의 3년간 근로소득 9,000만 원 정도를 감안하면 1억 2,000만 원까지는 자금출처를 명백히 소명할 수 있습니다.

하지만 나머지 8,000의 자금출처를 소명하는 것은 부담이 될 수 있습니다. 그러므로 8,000만 원에 대해서는 증여 신고를 통해 증여세를 내야 합니다. 증여세 납부를 생각하지 않고 있다면, 아들 앞으로 대출을 끼고 아파트를 매입하는 방법을 고려하시기 바랍니다.

|**Q&A**| 중도금을 지급했는데 계약을 해지할 수 있나요?

Q : 지난해 선친에게서 맹지(길 없는 땅)를 상속받았습니다. 하지만 길 없는 땅은 투자가치가 없을 것 같아, 앞에 있는 땅을 매입해 길을 내기로 했습니다. 중개업소를 통하지 않고 땅 1,000㎡를 1억 2,000만 원에 계약하고 중도금까지 지급하였습니다. 그런데 매도인이 땅 값이 올랐다는 이유로 계약을 취소하자고 합니다. 공교롭게도 매매계약서를 분실한 상태입니다. 땅을 꼭 매입하고 싶습니다. 그리고 땅을 한 필지로 합치려면 어떻게 하면 되나요.

– 50대 교사 Y씨

A : 잔금을 법원에 공탁한 후, 소유권을 넘겨받으면 됩니다

부동산 매매계약은 단순히 땅값이 올랐다는 이유만으로 취소할 수는 없습니다. 다만 의사표시의 중요한 부분에 착오가 있거나 사기·강박에 의해 계약을 체결한 경우 계약을 취소할 수 있습니다(민법 제110조 참조). 매도인이 계약을 이행하지 않을 경우에는 법적으로 해결해야 합니다. 이때 부동산 매매의 성립 여부를 확인해 줄 수 있는 계약서가 있어야 합니다.

만약 계약서를 분실하였다면 계약금과 중도금을 지급할 때 받아둔 영수증이나 무통장입금표를 준비해 두어야 합니다. 또 증인을 확보해 둘 필요가 있습니다. 그 다음 법적 절차를 거쳐야 하는데, 우선 매매잔금을 법원에 공탁해야 합니다. 또 소유권을 안전하게 넘겨받기 위해서는 계약한 땅에 대해서 처분금지가처분신청을 해야 합니다. 그 다음 소유권이전청구소송을 통해 승소하면 소유권을 넘겨받을 수 있습니다.

한편 토지는 원칙적으로 여러 개로 합칠 수도 있고, 분할할 수도 있습니다. 여러 개의 토지를 합치기 위해서는 합병 요건에 맞아야 합니다. 우선 토지의 소재지가 물리적으로 인접해 있어야 합니다.

행정구역이 다르거나 토지의 소유자나 지목이 다른 경우에는 합병할 수 없습니다. 또 근저당권을 비롯해서 지상권, 지역권, 임차권 등 소유권을 침해하는 권리가 있으면 토지의 합병은 허용되지 않습니다(지적법 제20조).

합병 신청은 해당 시·군·구청의 지적과에 신청해야 하며, 최종적으로 토지의 합병 결과가 등재된 토지대장을 첨부하여 관할 등기소에 신청하면 됩니다.

|Q&A|

토지보상금을
더 받으려면 어떻게
해야 하나요?

Q : 충청도에 선친에게 물려받은 토지(전田 1,300㎡)를 소유하고 있습니다. 그런데 땅이 수용된다는 통지를 받았습니다. 토지보상금은 매매시세의 70% 수준인 3.3㎡당 6만 5,000원에 책정되었다고 합니다. 상속받은 땅이라 애착이 많고, 시세만큼 보상금을 받아 다른 토지에 투자하고 싶은데, 보상금이 기대 수준에 못 미쳐 마음이 착잡합니다. 토지보상금을 제대로 받기 위한 좋은 방법과 토지에 투자할 때 따져봐야 할 사항이 무엇인지 궁금합니다.

– 40대 회사원 Y씨

A : 토지 수용 불복 절차를 밟으면 됩니다

일반적으로 국가의 공공사업을 위하여 개인의 토지를 수용할 경우에는 이에 따른 적절한 보상이 이루어지고 있습니다. 최근 들어 수용되는 토지의 보상금은 매매시가를 반영한 감정평가금액으로 결정되는 추세입니다.

만약 토지보상금이 시세보다 현저하게 낮게 결정되었다면, 법에서 정한 정당한 절차에 따라 이의를 제기하면 매매시세가 감안된 합리적인 가격으로 보상받을 수 있습니다.

먼저 관할 지방토지수용위원회에 재결 신청을 하여 보상가액을 다시 산정받는 방법이 있으며, 협의가 이루어지지 않으면 중앙토지수용위원회에 이의를 제기하면 됩니다. 여기에서도 적정한 보상금이 책정되지 않으면 행정소송 절차에 따라 재결의 취소 또는 변경을 요구할 수 있습니다. 만약 수용 재결 후 부득이 이의신청을 할 경우에는 이의가 있음을 법원에 신청하고 보상금에 대한 공탁금을 찾은 다음 불복 절차를 밟으면 됩니다.

한편 토지에 투자할 때는 공부상의 미래가치를 살펴봐야 합니다. 토지이용계획확인서를 참고하여 용도지역을 비롯해 용도지구, 용도구역 등에 공시된 공법상의 제한 사항을 살펴 미래의 수익가치를 따져봐야 합니다. 또 토지대장과 지적도(임야도)를 통해 정확한 토지의 면적과 경계 표시, 모양, 도로의 접근성 등을 살펴봐야 합니다.

마지막으로 등기부를 기준으로 근저당권을 비롯하여 가압류 등 권리관계에 문제가 없는지 확인해야 합니다. 또한 공부상의 미래가치에 대한 검증을 마친 후에는 현장 확인을 통해 옥토를 보는 눈을 길러야 합니다.

　우선 자연적인 조건인 지형과 향을 잘 살펴야 하는데, 계곡이나 저수지에서 500미터 정도 떨어진 지역이 좋습니다. 또 산지가 많은 지역이라면 햇볕이 많은 남향을 골라야 하며, 경사가 심한 지역과 나무의 수령이 30년 이상 된 임야는 피하는 것이 좋습니다.

|Q&A| 임야를 전(田)으로 변경하면 가치가 더 높아지나요?

Q : 강원도 홍천에서 농사를 천직으로 여기며 살고 있는 농부입니다. 농지를 일부 팔아 특용작물 재배를 위한 시설자금으로 사용하려고 합니다. 그런데 지금까지 밭농사만 짓던 땅인데 등기부등본을 떼어 보니 임야로 되어 있습니다. 수목은 한 그루도 찾아볼 수 없는 토지가 공부상 임야로 되어 있어 황당합니다. 친구의 얘기로는 임야보다는 전으로 지목을 변경하면, 토지의 가치가 더 높아진다고 하는데, 현재 등기부상 임야로 되어 있는 땅을 전으로 변경하여 매도하는 것이 유리한지 궁금합니다. – 60대 농부 K씨

A : 임야 상태에서 매도하는 게 더 유리합니다

토지는 다양하게 이용되는 만큼 사용하는 용도에 따라 정의합니다. 전(田)이라 함은 물을 상시적으로 이용하지 않고 곡물, 원예작물(과수류는 제외), 약초, 뽕나무, 닥나무, 묘목, 관상수 등의 식물을 주로 재배하는 토지와 식용을 위하여 죽순을 재배하는 토지를 말합니다. 반면 산림 및 원야(原野)를 이루는 수림지를 비롯해 죽림지, 암석지, 자갈땅, 모래땅, 습지, 광무지 등의 토지를 임야로 정의합니다(지적법시행령 제5조 참조). 이처럼 우리나라 땅은 쓰임새에 따라 대지를 비롯해 임야, 전, 답 등 모두 28개의 종류로 정해져 있습니다.

일반적으로 시장에서 거래되는 토지의 가격 추이를 보면 대지가 가장 비싼 편이고, 그 밖의 땅은 지역성과 개별적인 상황에 따라 가격이 달라지기 때문에 객관적인 우열을 가리기는 어렵습니다.

그러나 토지의 시장가격은 단순하게 지목에 의해서만 결정되는 것은 아닙니다. 용도지역을 비롯해 용도지구, 용도구역 등 도시관리계획에 따른 개발 가능성에 의해 가격이 결정되는 비중이 더 높습니다. 또 지목은 하나의 필지마다 설정하는 것을 원칙으로 하며, 하나의 필지가 둘 이상의 용도로 활용되는 경우에는 주된 용도에 따라 지목이 설정됩니다. 다만 일시적이거나 임시적인 용도로 사용하는 경우에는 지목을 변경하지 않아도 됩니다(지적법시행령 제6조).

한편 지목이 임야로 되어 있는 땅을 밭으로 사용하고 있다면 사용

용도에 맞춰 전으로 바꿀 수 있습니다. 하지만 임야를 전으로 바꾼다고 해서 그 자체만으로 특별히 가치가 상승하는 것은 아닙니다. 또 대체산림자원 조성 비용을 감안하면, 지목을 변경하는 것보다 현 상태에서 매도하는 것이 유리해 보입니다.

|Q&A| 매수인과 전세 계약을 해도 되나요?

Q : 전셋집이 만기가 돼 회사 근처로 이사하려고 합니다. 다행히 마땅한 아파트가 있어 전세 계약을 하려는데, 현 소유자가 집을 팔기 위해 매수인과 매매계약을 체결한 상태입니다. 중개업자 얘기로는 매도인이 아닌 매수인과 전세 계약을 하면 된다고 합니다. 아직 소유권이 매수인 앞으로 등기되지 않아도 계약에는 문제가 없는지 궁금합니다. – 40대 K씨

A : 우선 매도인과 계약한 후 매수인에게는 전세 계약을 승계한다는 특약을 받아둬야 합니다

일반적으로 매매계약이 끝나고 매수인한테 소유권 이전등기가 넘

어오기 전의 주택은 매도인이 아닌 매수인과 전세 계약을 하고 있습니다. 물론 중개업자는 매매계약이 이뤄졌다는 사실관계를 임차인에게 자세하게 설명해 주고 매수인과 전세 계약을 체결하게 됩니다. 매매계약이 정상적으로 이행돼 매수인 앞으로 소유권에 관한 이전등기가 완료되면, 전세 계약에는 아무 문제가 발생하지 않습니다.

그러나 매매계약이 정상적으로 이행되지 않으면 매수인과 전세 계약을 한 임차인은 피해를 볼 수도 있습니다. 부동산 거래에서는 매도인과 매수인의 계약 불이행 등의 사유로 매매계약 자체가 무효가 되거나 취소 또는 해제되는 일이 종종 벌어집니다. 대법원 판례를 보면 매매계약이 체결된 상태에서 매도인이 매수인에게 임대할 권한을 주었다 해도 매매계약이 해제되면 임대할 권한도 소멸합니다(대법원 1995.12.12. 선고95다 32037 참조).

결론적으로 매매계약서만 갖고 매수인과 전세 계약을 체결하면 나중에 문제가 생길 수 있습니다. 따라서 매매계약이 체결된 주택에 안전하게 전세 계약을 하려면, 매수인보다는 매도인과 전세 계약을 하는 것이 좋습니다. 여기에 좀 번거롭더라도 전세 계약서에 매수인에게 소유권 이전 후에도 전세 계약을 승계한다는 특약을 받아두는 것이 안전합니다.

|Q&A| 길 없는 농가 주택을 매입해도 되나요?

Q : 퇴직 후 전원생활을 하기 위해 급매로 나온 농가 주택(대지 723.97㎡, 건평 119.01㎡, 매매가 1억 900만 원)을 매입하려고 합니다. 그런데 현황상으로는 분명 다니는 통행로가 있지만, 지적도를 비롯한 공부를 확인해 보니 통행로가 없습니다. 중개업자 말로는 아주 옛날부터 사용하던 길이라 괜찮다고 하는데, 농가 주택을 매입해도 문제가 없을까요? – 50대 회사원 L씨

A : 소유자에게 토지 사용 승낙을 맡아두는 것이 좋습니다

주변의 토지를 이용하지 못하면 출입할 수 없는 경우에는 그 주위의 토지를 이용해 통행할 수 있으며, 필요한 경우에는 도로를 개설할 수 있습니다. 이때 도로 소유자의 손해가 가장 적은 장소와 방법을 선택해야 합니다(민법 제219조). 이처럼 농가 주택에 공부상 통행로가 없다고 해서 땅을 이용할 수 없는 것은 아닙니다. 더구나 지금까지 다른 사람의 땅을 도로로 사용해 오고 있다면 농가 주택을 매입해도 문제는 없을 것으로 보입니다.

하지만 더욱 안전하게 하기 위해서는 도로의 토지 소유자에게 토지 사용 승낙을 받아두는 것이 좋습니다. 물론 토지 사용에 따른 지료도 감안해야 합니다. 만약 토지 사용 승낙을 받을 수 없을 경우에는 현황상 도로 소유자를 상대로 법원에 주위토지통행권을 청구할 수 있습니다.

|Q&A|

원룸 또는 아파트 임대 사업을 하려는데 어떻게 해야 하나요?

Q : 정년퇴직 후 노후를 위해 두 가지 임대 사업을 생각하고 있습니다. 첫째로 지방의 대학가 주변의 땅(대지 495.87㎡, 시세 1억 5,000만 원)을 매입해 원룸형 임대 사업을 시작해 볼까 합니다. 그런데 어느 정도 규모로 해야 할지 방향을 잡지 못하고 있습니다. 둘째로 상가 건물이 아닌 아파트를 구입해 임대 사업을 했으면 하는데, 초보자라 모르는 것이 많습니다. 투자비용과 임대수익은 얼마나 될까요? 여기에 세금은 어떻게 되는지, 또 아파트 규모는 어느 정도가 적당할지, 유의 사항은 어떤 것이 있는지 궁금합니다.

– 50대 회사원 K씨

A : 집값 대비 전셋값이 높은 역세권 또는 대학가를 선택하는 것이 좋습니다

일반적으로 대학가 주변 원룸형 임대 사업의 경우에는 7~10% 정도의 수익을 올릴 수 있습니다. 임대 사업은 원칙적으로 임대료 수준이 높고, 임대 수요가 많은 지역에서 하는 것이 유리합니다. 대지가 150평이면 연면적 100평에 20가구 정도가 적합하며, 건축비는 2억 7,000만 원(평당 270만 원) 수준입니다. 이 경우 가구당 월 20만 원 정도의 임대료를 받는다면 연간 4,800만 원의 임대수익을 올릴 수 있습니다. 따라서 토지 매입 비용과 건축비 등 총 투자비용을 감안하면 연 11% 정도의 수익률을 예상할 수 있습니다. 다만 원룸형 임대주택의 경우 지방자치단체마다 건축조례가 달라 주택을 신축하지 못할 수도 있는 만큼 토지 매입 전에 반드시 관할 시·군·구청에 허가 여부를 확인해야 합니다.

한편 주택 임대 사업을 하는 경우에는 5가구 이상, 국세청 기준시가 3억 원 이하의 주택(국민주택 규모)을 10년 이상 임대해야만 양도세 중과 및 종부세를 피할 수 있습니다. 또 전용면적 60㎡(약 18평) 이하 주택을 신축하거나 분양을 받아 임대 사업을 할 경우 취득세는 물론 등록세가 전액 면제되는 혜택을 받을 수 있습니다(서울특별시 기준).

따라서 주택 임대 사업을 시작할 것이라면 되도록 전용면적 18평 이하 아파트를 매입하는 것이 유리합니다. 한편 최근 들어 일부 지역을 중심으로 아파트나 오피스텔의 공실율이 증가하고 있는 추세이기 때문에 임대 지역 선정에 각별히 유의해야 하며, 지하철 역세권 지역을 중심으로 매매가격 대비 전세가가 높은 지역을 선택하는 것이 좋을 것으로 보입니다.

|Q&A|

소유자의 부인과 아파트 매매계약을 해도 되나요?

Q : 마음에 꼭 드는 아파트를 매입하려고 합니다. 그런데 소유자인 남편이 해외 출장 중이라 배우자인 부인하고 매매계약을 체결해야 할 상황입니다. 공인중개사의 얘기로는 남편의 인감도장을 가지고 있기 때문에 부동산 매매계약에는 아무런 문제가 없다고 합니다. 정말 소유자인 남편을 대리한 부인과 부동산 거래를 해도 되는지 궁금합니다.

– 40대 가정주부

A : 일체의 권한을 위임받았는지 확인해야 합니다

일반적으로 회사에 다니는 남편을 대리해서 아내인 배우자가 가정 생활에 필요한 일상적인 업무를 처리하는 것을 가사대리권이라 하는데, 법률상 아무런 문제가 없습니다. 그러나 부동산 거래도 가사대리권만 가지고 처분할 수 있는지는 잘 따져봐야 합니다.

부부는 상대방의 일상적인 가사에 관한 법률행위를 서로 대리해서 처리할 수 있습니다. 이때 배우자가 대리한 행위에 대해서는 연대책임을 져야 합니다(민법 제827조). 법에서 정한 일상의 가사에 관한 법률행위는 부부의 공동 생활에서 필요로 하는 통상의 사무를 말하는 것입니다.

이러한 일상가사대리권은 그 동거생활을 유지하기 위하여 각각 필요한 범위 내의 법률행위에 국한되기 때문에 해외 출장 중인 남편 소유의 부동산을 배우자인 아내가 매각하는 처분 행위는 일상가사의 대리권으로 인정받을 수 없습니다(대법원 1966.7.19. 선고 66다863 판결). 또 배우자인 아내가 소유자인 남편의 인감도장을 보관하고 있다는 사실만으로 이 인감도장의 사용에 관한 포괄적인 대리권을 위임받았다고 볼 수도 없습니다(대법원 1984.7.24. 선고 84도1093 판결).

따라서 부부간의 일상적인 가사대리권만으로 해외에 출장 중인 남편의 재산을 처분하는 행위는 일상가사의 법률행위에 벗어나는 것이기 때문에 부동산 거래를 하지 않는 것이 좋습니다(대법원 1993.9.28.

선고 93다16369 판결).

　다만, 부동산을 꼭 매입하고 싶다면 대리인인 배우자에게 표현대리권이 있는지 확인하고 거래해야 합니다. 즉 소유자인 남편이 위임장을 비롯해 인감증명서, 인감도장, 등기권리증 등 부동산 처분에 관한 일체의 행위를 배우자인 아내에게 위임했는지 확인한 후 거래하는 것이 안전합니다.

|Q&A|

임차인의 잦은
월세 체납,
계약을 해지할 수 있나요?

Q : 정년퇴직 후, 신촌에 있는 상가 건물(지하 1층, 지상 3층)을 매입해 임대 사업을 하고 있습니다. 1층을 옷 가게에 임대(임대 보증금 1억 5,000만 원, 임대료 월 200만 원)하고 있는데, 자주 연체하고 있습니다. 급기야 3개월째 월세를 내지 않고 임대 보증금에서 공제하라고 얘기하고 있습니다. 아직 계약 기간은 5개월 정도 남아 있지만 임차인과의 계약을 해지할 수 있는지, 또 임차인을 내보낼 때 인테리어 비용을 물어줘야 하는지 궁금합니다.

– 60대 임대업 M씨

A : 원칙상 60일 이상 연체했을 때 계약을 해지할 수 있습니다

상가 건물을 소유하고 있는 임대인이 가장 피하고 싶은 일은 아마도 임차인과 임대료 연체에 따른 분쟁일 것입니다. 원칙적으로 임차인이 임대료를 2기 이상 연체한 것은 임대계약의 해지 사유가 될 수 있습니다(민법 제640조).

또 임대 보증금이 있다는 이유로 임대료 지급을 거부하는 경우에도 연체로 인한 계약 해지를 피할 수 없습니다. 그러나 상가건물임대차보호법의 보호 대상이 되는 임대차계약의 경우에는 3기의 임대료를 연체한 사실이 있는 경우 임차인의 계약 갱신 요구를 거절할 수 있습니다.

서울 지역의 경우 임대 보증금이 2억 6,000만 원(월세 환산 보증금 포함) 이하인 임차인의 경우에는 법의 보호를 받을 수 있으며, 최초 계약일로부터 5년간 임대차 기간을 갱신할 수 있습니다(상가건물임대차보호법 제10조). 현재 옷 가게 임차인은 보증금액이 많아 상가건물임대차보호법의 보호 대상이 아니기 때문에 임대료 연체에 따른 계약 해지 사유로 볼 수 있습니다.

한편 임차인이 임차 주택의 보존에 필요한 필요비나 유익비를 지출한 경우에는 그 비용이 현존한 때에 한하여 임대인에게 필요비나 유익비를 청구할 수 있습니다(민법 제626조). 그러나 임차한 건물의 가치가 증가하거나 보존을 위해 지출한 비용에 한해 엄격하게 인정하고 있습니다. 임차인이 임차한 상가 건물에서 옷 가게 영업을 하기 위한 공사를 하고, 내부 시설공사를 하였다면 이것은 임차인이 필요에 의해서 행한 것으로 상가 건물의 객관적인 가치가 증가한 것으로 볼 수 없으므로 유익비에 해당하지 않습니다(대판 1991.10.8. 91다8029).

|Q&A| 상가를 사고 싶은데 어디가 좋을까요?

Q : 선친에게 상속받은 땅이 수용되어 토지보상금 5억 2,000만 원을 받았습니다. 금융자산으로만 관리하기가 부담스러워 일부를 상가 건물에 투자하려고 합니다. 상가 투자는 처음이라 많이 걱정됩니다. 그런데 친구의 얘기로는 상가 건물의 임대수익률이 떨어지고 있다고 합니다. 어느 지역에 투자해야 할지, 또 세금과 관련해서 주의할 사항이 있는지 알려주세요.

– 40대 회사원 Y씨

A : 강남 지역이 투자가치가 좋습니다

최근 주택담보대출 규제 이후, 투자자금이 급속하게 중·소형 상가 건물 쪽으로 이동하고 있습니다. 그중 강남은 투자자들이 관심을 기울이는 대표적인 지역입니다. 물론 일반인들은 땅값이 비싼 강남에 투자하는 사람들을 이해할 수 없을 것입니다.

그러나 투자자들의 생각은 다릅니다. 교통환경을 비롯해 편의시설이 좋은 곳에서는 무엇을 팔아도 장사가 잘될 수밖에 없다는 생각이 있기 때문입니다. 특정 업종은 강남에 문을 열어야 장사가 될 정도입니다. 이런 현상 때문에 투자자들의 발길이 이어지면서 상가 건물 가격은 오름세를 유지하고 있습니다.

상가 건물은 다른 종류의 부동산과 달리 자본수익과 임대수익이라는 두 마리 토끼를 잡을 수 있습니다. 강남 지역의 경우 임대수익율이 연 4% 정도만 유지되어도 투자가치는 충분합니다.

또 상가 건물을 매입할 때는 일반 매물보다 급매물을 사는 것이 좋습니다. 특히 허름한 건물을 개·보수하여 자산가치를 높일 수 있는 상가 건물은 부동산 재테크에 가장 유리합니다.

한편 임대소득도 종합과세 대상인 만큼 배우자와 따로따로 임대사업자로 등록하여 분리과세를 한다면 세금을 줄일 수 있습니다. 그러려면 상가를 구입하는 시점부터 소유권을 배우자와 공동명의로 해야 합니다. 공동명의로 취득하는 부분에 대해서는 자금출처가 명백해야 합니다.

자금출처가 없는 경우에는 비과세 증여 최고 한도인 6억 원에 해당하는 부분만 배우자 소유로 해두어야 합니다. 배우자와 공동명의로 매입하면, 임대소득세뿐만 아니라 상속세와 양도세도 절세할 수 있습니다.

|Q&A| 법정지상권이 걸린 땅, 전원주택을 짓는 데 문제없나요?

Q : 직장 은퇴 후 지방에 내려가 살기 위해 전원주택 부지를 매입하려고 합니다. 최근 한 공인중개업소에서 경매를 통해 땅을 사라는 권유를 받았습니다. 입지나 가격 등은 양호한데 법정지상권이 걸려 있어 입찰을 망설이고 있습니다. 법정지상권은 무엇이며 전원주택을 짓는 데 문제는 없는지 궁금합니다.

– 50대 회사원 J씨

A : 건물 권리를 인수해야 신축할 수 있습니다

토지와 그 지상의 건물이 동일인에게 속해 있었으나, 경매로 인해 이들 토지와 건물이 각각 소유자가 달라지는 경우 건물 소유자에게 법률상 인정되는 지상권이 이른바 법정지상권입니다.

우리나라의 부동산 법제상 토지와 그 위의 건물은 별개의 부동산으로 취급됩니다. 그러므로 토지와 건물 중 하나만 경매에 부쳐지는 일도 종종 있습니다. 이러한 이유 때문에 토지와 건물이 각각 다른 사람의 소유가 되는 경우가 많고, 건물 소유자에게 토지를 사용할 권리가 필요한 것입니다.

이처럼 법정지상권이 성립하는 경우 토지 소유자는 건물 소유자를 위하여 지상권을 설정한 것으로 간주하고 있습니다(민법 제366조 참조). 이것은 토지 소유자와 건물 소유자의 이용권 조절을 꾀한다는 공익상의 이유로 지상권의 설정을 강제하는 강행법규입니다. 그러므로 지상에 건물이 있는데도 토지만이 경매 대상이라면, 법정지상권의 제한을 받는지 정확하게 따져봐야 합니다.

법정지상권은 당사자 간의 계약이 아닌 경매로 취득하는 권리이기 때문에 등기부에 등기되지 않는 것이 특징입니다. 물론 토지 소유자는 건물을 점유한 자에게 건물 철거를 요구할 수 없지만, 토지 사용료는 청구할 수 있습니다(대판 1991.11.26. 91다29194 참조).

법정지상권이 성립하는 토지에 새로운 건물을 지으려면 토지 소유주가 건물에 대한 권리를 인수해야 합니다. 법정지상권이 해결되지 않으면 일정 기간(5년~30년) 토지를 사용할 수 없으므로, 법정지상권자와 합의한 후 경매에 참여하는 것이 좋습니다.

|Q&A| 권리 분석이 복잡한 경매 투자를 잘하려면 어떻게 해야 하나요?

Q : 경매 투자에 나서려고 합니다. 그런데 경매는 권리 분석이 어려워 손해를 볼 가능성이 높다고 배우자가 반대를 하고 있습니다. 공부는 하고 있지만 여전히 권리 분석이 어렵게 느껴집니다. 경매 투자의 시기와 유의해야 할 사항에 대해서 자세히 알고 싶습니다.

– 30대 주부 K씨

A : 감정가를 맹신하지 말고 주변의 시세를 파악해야 합니다

일반적으로 경매에 참여하는 사람들은 권리 분석만 마치면, 모든 것이 전부 해결되는 것으로 알고 있습니다. 그러나 권리 분석에 이상이 없는 물건이라고 해서 무조건 투자가치가 있는 것은 아닙니다. 권리 분석은 기본이고, 여기에 몇 가지 더 알아두셔야 할 것이 있습니다. 우선 경매는 가격이 떨어질 때보다 상승할 때 참여하는 것이 유리합니다. 부동산 가격이 올라가는 시점에는 시장가격 수준에서 경매 물건을 매수해도 시세차익을 기대할 수 있기 때문입니다.

그러나 지금처럼 시장이 침체되어 있는 경우에는 오히려 손해를 볼 수 있습니다. 예를 들어 법원 감정가가 정해진 이후에도 계속해서 가격이 떨어진다면 80~90% 수준에서 매수를 해도 비싸게 산 결과가 될 수밖에 없습니다. 법원 감정가를 맹신해서는 안 된다는 얘기입니다. 이 때문에 경매 물건의 주변 시세를 정확히 조사하는 것이 중요합니다.

또 입찰 가격을 정할 때는 반드시 시장가격과 해당 지역 경매 물건의 매각가율을 고려해서 결정해야 합니다. 주택을 경매로 매입할 때는 임차인의 명도 문제도 함께 고려해야 합니다. 매수인은 대금 납부를 마치면 법률적으로 소유권 등기 여부와 관계없이 소유권을 취득하게 됩니다. 그러나 전 소유자를 비롯하여 임차인 등이 집을 비워주지 않으면 사용권, 수익권, 처분권에 제약을 받습니다.

가장 좋은 명도 방법은 협상을 통해 집을 인도받는 것입니다. 그러나 협상이 원만하게 이루어지지 않으면 6개월 이내에 인도명령을 신청해야 하며, 그 기간 내에 신청을 하지 못한 경우에는 명도소송을 해야 합니다.

마지막으로 철저한 자금 계획이 필요합니다. 종종 경매에 참여하는 사람들은 입찰 보증금만 있으면 물건을 매수할 수 있다는 착각을 하곤 합니다. 또 막연하게 경매대출로 대금을 납부할 수 있다고 생각하기 쉽습니다. 하지만 철저한 자금 계획이 따르지 않은 상태에서 경매에 참여한다면, 입찰 보증금을 날릴 수도 있습니다.

연예계 은퇴 후, 부동산으로 준비!

– 개그우먼 송은이

재테크는 남의 일로만 여기던 내가 고준석 박사님을 만난 건 6년 전이다. 뭔가 특별한 비법을 전수해 주실까 잔뜩 기대했던 나에게 박사님께서 알려 주신 것은 오로지 '기본에 충실하라'는 것이었다.

'기본? 그렇게 간단하면 누구나 돈 벌지!' 라고 생각하시는 분들도 많을 것 같다. 나 역시 선생님께 듣는 순간 그런 생각을 했기 때문이다. 하지만 부동산 투자를 조금이라도 해본 사람들이라면 기본을 지키는 것이 얼마나 어려운지 잘 알 것이다. 왜냐하면 투자를 하다 보면 무엇보다 욕심이 앞서기 때문이다.

이 책은 그 욕심 앞에서 감정을 앞세우지 않고 오로지 기본에 충실하며 자신만의 원칙을 뚝심 있게 지켜나간 사람들의 이야기다. 그리고 누구나 부러

워할 만한 '부자' 소리를 듣고 있는 많은 분들의 경험이 담겨 있다.

1990년대까지만 해도 재테크에 대한 사람들의 관심은 그리 높지 않았다. 나 역시 그때까지만 해도 연예계 생활로 번 돈을 은행에 저축하는 것 말고는 딱히 다른 방법이 없었다. 하지만 저축은 수익률이 너무 낮고 목적의식도 부족해서, 부침이 심하고 수입이 일정치 않은 연예인으로 활동하는 나로서는 마음 한켠이 항상 불안할 수밖에 없었다. 연예계 은퇴 후를 어떻게 대비해야 할지 항상 고민스러웠다.

2000년대 들어 주식이 한창 유행했지만 스케줄로 바빴던 나는 수시로 확인해야 하는 주식과는 궁합이 맞지 않았다. 그래서 상대적으로 안정적이고 조급할 필요가 없는 부동산으로 눈을 돌리게 되었다.

2001년, 내가 처음으로 투자한 대상은 일산의 오피스텔이었다. 투자 초기만 해도 오피스텔이 많지 않았지만 2년 정도 지나자 주변에 너무 많은 오피스텔이 생겨 잔금만 치르고는 바로 팔아버렸다. 그래도 3,000만 원 정도의 이익을 봤다. 실제로 내가 오피스텔을 팔고 난 2003년 하반기부터 일산 일대에 오피스텔이 급증해 가격이 급락했다.

다음으로 내가 투자한 곳은 강남권 재건축 아파트다. 마침 정부의 규제로 재건축 아파트 가격이 계속 떨어져 2005년 서초구 반포주공 1단지 아파트를 5억 원(실투자액 약 2억 원)에 매입했다. 당시만 해도 강남권 재건축 아파트는 강력한 규제로 하락세였지만 새로운 정부가 들어서면서 규제가 완화되고 재건축이 가시화되어 아파트 가격이 급등했다. 현재 이 아파트의 시세는 11억 원 정도를 호가하고 있다.

물론 이 모든 일은 내 평생의 멘토이신 고준석 박사님의 뚝심, 그리고 시장의 흐름과 고객의 상황을 정확히 파악하고 유연하게 대처하는 맞춤 조언이 있었기에 가능했다.

이 책에 등장하는 대한민국 대표 부동산 부자 50인의 생생한 투자 사례를 통해 독자들 또한 적은 돈으로도 '강남 부자'가 될 수 있는 로드맵을 찾을 수 있으리라 확신한다. 이 책을 통해 어려울수록 '기본'을 지켜 위기를 기회로 바꿀 줄 아는 진정한 부자의 대열에 합류하시길 진심으로 바란다.

'강남 부자들'의 투자 비밀 노트가 아닌 희망을 이야기하는 책

– 박미정(snailympic), 직장인

나는 저자가 이 책을 통해 궁극적으로 전하고자 하는 메시지는 바로 '희망'이라고 감히 말하고 싶다. 왜냐하면 이 책을 통해 나는 네 가지 희망을 봤기 때문이다.

첫째, 이 책에 나오는 여러 사람들처럼 실패로 진 빚을 청산하고 새롭게 시작할 수 있다는 희망.

둘째, 돈 때문에 고민하는 것이 아니라 돈 때문에 행복해질 수 있다는 희망.

셋째, 돈 걱정을 하지 않고 하고 싶은 일을 하면서 노후를 즐길 수 있다는 희망.

넷째, 가난의 대물림을 끊고 자녀들에게 넉넉한 유산도 남겨줄 수 있다는 희망.

이 책에는 드라마에서나 볼 수 있을 법한 화려하고 법 위에 군림하는 '강남 부자들'은 어디에도 없었다. 끈기와 남다른 실행력으로 부를 이뤄낸 강남 부자들의 진짜 투자법과 성공법을 담고 있다. 저자는 아무 곳에나 땅을 사놓고 몇 배의 투자수익을 냈다는 얘기는 한 귀로 듣고 한 귀로 흘려버리라고 충고한다. 실제로 땅에 투자해 돈 벌었다는 얘기를 주변에서 쉽게 들을 수 있다. 그러나 사실이 과장되어 떠돌고 있을 뿐 실제로 투자에 성공한 사람이 많지는 않다. 땅 투자는 입으로 하는 것이 아니며, 말처럼 쉬운 것이 아니기 때문이다.

한 조사에 따르면 은퇴자 500명 중 400명은 부동산으로 은퇴를 준비한다고 한다. 대한민국 1% 부자들의 돈 버는 지혜, 돈을 지키는 지혜, 돈으로 돈을 버는 지혜는 땅에 있다고 해도 과언이 아니다. 하지만 아이러니하게도 세계에서 부자들에 대한 편견이 가장 강한 나라가 한국이라고 한다. 과거에도 그랬지만 우리나라 사람들은 여전히 부자들을 좋아하지 않는다. 편법이나 술수를 써서 돈을 벌지 않았나 하는 부정적인 편견을 가진 사람들도 많다.

이에 대해 저자는 그들을 마냥 부정적으로 바라볼 것이 아니라 그들이 부를 성취해 가는 치열한 과정과 노력을 배워야 한다고 일갈한다. 동시에 대한민국의 땅 부자들 또한 처음부터 부자는 아니었다는 점을 강조한다.

이 책은 실전과 이론을 100% 겸비한 국내 유일의 부동산 전문가인 저자가 10년이 넘는 기간 동안 직접 자산을 관리해 주고 조언해 부자가 된 사람들의 이야기를 다룬 휴먼 스토리다.

저자는 이 책에서 말한다. 부자가 부자일 수 있는 것은 처음부터 부를 가지고 시작했기 때문이 아니라 부자의 자리에서도 더욱 큰 부자가 되기를 꿈꾸었기 때문이라고. 부를 경멸하는 태도를 보이는 사람은 신용할 수 없다고. 부를 얻는 것에 절망한 사람이 부를 경멸하는 것이라고.

나는 이 책에 나오는 '강남 부자들'이 너무나 합법적이라는 데 놀랐다. 그리고 너무나 정직하다는 사실에 두 번 놀랐다. 마지막으로 너무나 겸손하다는 사실에 놀랐다.

그들은 단 한 평의 땅을 사더라도 꼼꼼하게 고르고, 이성적으로 분석하고, 철저하게 따졌다. 이처럼 부동산을 통해 재테크에 성공하고 행복한 부자가 된 이들의 공통점은 의외로 평범하면서 단순했다.

이 책은 부동산 투자로 성공을 거둔 이들의 투자 비법을 전수하는 '투자 비밀 노트'가 아니다. 저자는 강압적으로 투자 비법을 종용하지 않는다. 저자가 전하는 방법은 지극히 단순할 수 있으나 그 효과는 매우 강력하다. 처음부터 '부자였던' 사람들의 방법이 아닌, '부자가 되는' 사람들이 몸소 실천해 온 방법이기 때문이다. 지금껏 그 어디서도 들을 수 없었던 대한민국 대표 부자들의 생생한 투자 원칙을 고스란히 알려주신 저자분께 감사의 말을 전한다.

| '아이러브 고준석과 부동산 재테크(cafe.daum.net/gsm888)' 회원분들이 책이 출간되기 전에 먼저 원고를 읽고 작성해 준 것을 요약 정리한 것입니다. |

▣ 나는 이른바 '부동산 전문가'라는 사람들에 대한 울렁증이 있다. 과거 '투기'와 '투자'를 혼동한 오해도 있었고, 부동산 투자를 부추기는 목소리에는 정치적인 언론의 의도도 다분히 담겨 있다고 생각해 귀를 닫아버리기도 했었다. 그렇게 무소의 뿔처럼 혼자서 갔다가 긴 터널을 통해 되돌아온 지금 객관적이고 구체적이며 정확한 선택이 절실하게 필요한 때 만나게 된 한 권의 책 그리고 고준석 선생님. 지금 그의 책을 펼치면서 나의 '부자 꿈'이 따뜻한 봄날 꽃처럼 화려하게 만개할 수 있으리라는 희망에 부풀고 있다.

– 콜라(임혜순)

▣ 단숨에 술술 읽고 마지막 장을 덮는 순간, 내가 그동안 만나온 그 어떤 재테크 책보다도 저자의 진심이 깃든 책임을 느낄 수 있었다. 진심은 통한다고 했던가. 부자를 꿈꾸는 모든 이들에게 그의 열정과 지혜를 아낌없이 나누기에 수많은 사람들이 겸손한 저자를 믿고 따르는 것은 어쩌면 당연한

일일지도 모른다는 믿음이 생겼다.

실제 사례들을 양념 삼아 현실적이고 구체적인 간단 명쾌한 대안을 제시하는 저자의 스타일이 책에도 고스란히 녹아 있다. 그래서 그런지 단숨에 맛깔스럽게 술술 읽혔다. 실제로 무일푼에서 수십 억 부자가 된 사례, 물려받은 어마어마한 유산을 날리고 맨발 재테크로 다시 시작해 '강남 부자'로 거듭난 사례 등을 다양하게 짚어보면서 투자 과정을 흥미롭고 구체적으로 알려주고 있다.

부동산 관련 서적은 많지만 원칙과 실전 투자법이 잘 어우러져 있는 책을 찾기란 쉽지 않다. 이 책은 부동산 실전 투자와 법칙이 잘 조화를 이룬 책이다. 나는 이 책이 단순히 부동산 비법과 성공 사례들을 소개하는 데 그치는 것이 아니라 부동산 투자의 길라잡이가 될 것이라고 생각한다. 행복한 부자를 꿈꾸는 모든 분들에게 도움을 줄 수 있으리라는 확신이 들어 이 책을 적극 권한다. – sowon(**이소원**)

▣ '10억 원 부자' 열풍이 불어서 그런지 왠지 돈이 쉽게 느껴지는 세상이다. 하지만 물려받은 자산도 없고, 하늘에서 떨어진 일확천금도 없는 우리네 같이 평범한 사람들에게는 1억도 얼마나 큰돈인지.

1억 원을 5년 안에 모으려면 한 달에 200만 원 정도는 모아야 한다. 월급 받아 자신만 책임지면 되는 싱글 혹은 고소득 전문직이 아니면 현실적으로는 힘든 금액이다. 나는 이 책을 통해 원래부터 부를 물려받은 사람들 말고, 우리와 같은 처지에 있는 사람들이 성공할 수 있었던 비법을 찾을 수 있었다.

이론과 실무를 겸비한 저자의 명확하고 꼼꼼한 조언이 몰입도와 이해도를 높여 개인적으로 많은 도움이 되었다. 우리 주변 어디서나 볼 수 있는 사람들의 사례를 통해 부동산 투자 경영법을 이해하기 쉽게 제시했기 때문에 부동산에 관심이 없는 사람이라도 흥미롭고 쉽게 읽을 수 있는 책이다. 여러분 또한 내가 그랬던 것처럼 이 책을 마음속 깊이 새겨 읽고 부동산 투자의 길에 동행한다면 부자의 꿈을 이룰 수 있으리라 생각한다.

- 비카(박소영)

▣ 재테크에 관한 책들을 읽고 '괜히 샀다' 라는 생각을 한 적이 많다. 하지만 몇 년 전 고준석 박사님의 책을 읽고 고 박사님의 팬이 되었다. 그리고 이 책을 읽어보니 역시 오래 기다린 보람이 있다는 생각이 든다.

일전의 책으로 부동산 투자에 관한 기본적인 지식을 얻을 수 있었다면, 이번 책은 그 지식을 실행해 나가는 길잡이가 될 것 같아 벌써부터 설렌다. 매 주제마다 실려 있는 사례들은 내용을 이해하는 데도 도움이 되지만, 평범한 나도 할 수 있을 거라는 희망을 갖게 해주기에 더욱 공감이 갔다. 내게 최고의 재테크 바이블이 될 것 같다.

- 순정녀(박수진)

▣ 이 책은 부자들에 관한 원론적인 이야기가 아니다. 평범했던 사람들이

어떻게 대한민국 대표 부자가 될 수 있었는지를 보여주는 생생한 성공담이 가장 많이 담겨 있는 책이다. 책에 나오는 생생한 사례마다 간단 명쾌하고 예리한 저자의 조언이 더해져 더욱 몰입하기가 쉬웠다. 역시 대한민국에서 최고의 실전 투자 전문가로 손꼽히는 저자만이 쓸 수 있는 책이라는 생각이 든다.

나는 이 책을 읽는 내내 흥분을 감출 수 없었다. 수년간 부동산 카페에서 공부하고 고준석 박사님의 모든 강연을 쫓아다니며 기록해 왔던 그 가르침들이 이 한 권의 책을 통해 재정립되었기 때문이다. 현실에 안주하고 싶거나 나태해질 때 혹은 투자의 갈림길에 설 때마다 꺼내 읽고 싶은 책이다.

– 태오맘(강진희)

▣ 나는 그동안 부동산에 관심은 많았지만 어렵게만 느껴져 고민이 많았다. 하지만 이 책을 읽고 한 걸음을 내딛을 용기를 얻게 되었다. 이 책은 가진 것 없이 시작해서 대한민국의 1% 부동산 부자, 일명 '강남 부자'로 자수성가한 사람들의 성공 이야기를 다룬다. 또 배짱과 추진력으로 포기하지 않고 살아남은 사람들의 휴먼 스토리다. 책을 읽는 모든 분들이 행복한 부자가 될 수 있도록 안내하는 훌륭한 지침서다.

– llee(이소나)

▣ 부동산 투자를 통해 재테크에 성공하고 행복한 부자가 된 이들의 공통점은 의외로 평범하면서 단순하다. 우선 먼저 부동산에 대해 부단히 공부한

다는 것, 그리고 그 분야의 전문가, 즉 멘토의 조언에 즉각적인 반응(실행)을

한다는 것이다. 이 책은 이러한 멘토의 도움을 받아 부자가 된 사람들의 이

야기와 멘토가 제시하는 부동산 재테크의 정석이다.　　　　－ lcy**(이창열)**